Ulrich Erckenbrecht
Hilfslinien
234 Romanideen
Muriverlag

D1726274

"Der Roman läßt einem mehr Freiheiten. Und um einen zu schreiben, gruben sie in ihren Erinnerungen.

Pécuchet rief sich einen seiner Bürovorsteher ins Gedächtnis, einen üblen Grobian, und entwickelte den Ehrgeiz, sich durch ein Buch an ihm zu rächen.

Bouvard hatte in der Kneipe einen versoffenen und verwahrlosten Volksschullehrer kennengelernt – nichts Spaßigeres als diese Person!

Nach Ablauf einer Woche nahmen sie sich vor, diese beiden Stoffe zu einem zu verschmelzen, ließen es aber bald dabei bewenden und gingen zu anderem über:

   – Eine Frau, die das Unglück einer Familie verschuldet;
   – Eine Frau, ihr Mann und ihr Liebhaber;
   – Eine Frau, die wegen einer Mißbildung tugendhaft ist;
   – Ein Ehrgeizling, ein falscher Priester ..."

(Flaubert)

Ulrich Erckenbrecht, auch unter dem Namen Hans Ritz tätig, ver-
öffentlichte unter anderem diese Bücher: Ein Körnchen Lüge / Aphorismen und Geschichten, 3. Ausgabe + Divertimenti / Wortspiele,
Sprachspiele, Gedankenspiele + Elefant Kette Fuß bunne + Die
Geschichte vom Rotkäppchen + Bilder vom Rotkäppchen + Shakespeare Sechsundsechzig + Shakespeares Sonette in freier Übertragung + Die Unweisheit des Westens + Grubenfunde + Entkürzelungen + Maximen und Moritzimen + Katzenköppe + Die Sehn-
sucht nach der Südsee + Brief über Chopin + Das Geheimnis des
Fetischismus + Sprachdenken.

Bibliographische Information der Deutschen Bibliothek.- Die
Deutsche Bibliothek verzeichnet diese Publikation in der Deut-
schen Nationalbibliographie. Detaillierte bibliographische
Daten sind im Internet über http://dnd.ddb.de abrufbar.

1. Auflage 2oo8
ISBN 9783922494232
Copyright: Ulrich Erckenbrecht / Muriverlag
Druck: DDV-Copyservice, Kassel
MURIVERLAG/Erckenbrecht, Im Weidengarten 19,
D-3413o Kassel

<u>Einsatzvorwort</u>

Ich habe keine Zeit, Romane zu schreiben, aber ich lese gern die
Texte von großen Erzählern (von Cervantes, von Stendhal, von Bal-
zac, von Flaubert, von Maupassant, von Gogol, von Turgenjew, von
Tolstoi, von Dostojewski, von Tschechow, von Thomas Mann, von Her-
mann Hesse, vom frühen Knut Hamsun, vom späten Jorge Amado sowie
von einigen anderen), und ich habe von Zeit zu Zeit Ideen zu Roma-
nen notiert, die ich hiermit dem kundigen Publikum unterbreite, in
der Hoffnung, daß manche Erzähler der Gegenwart und der Zukunft
etwas damit anfangen können.

Die Burg der Rhoxane

Ein französischer Wissenschaftler, 35 Jahre alt, macht eine Forschungsreise in jenen asiatischen Landstrich, der früher Baktrien genannt wurde, um dort die Heimatburg der Rhoxane zu finden, der heißgeliebten Ehefrau von Alexander dem Großen.

Bei dieser Suche sieht er eines Tages einen leibhaftigen Yeti, folgt seinen Spuren, durchstreift mehrere Jahre den Hindukusch und angrenzende Gebiete, befragt alle Bergstämme, die in diesen Gegenden leben, und trägt Indizien und Beweise dafür zusammen, daß der Yeti tatsächlich existiert.

Zurückgekehrt an seine französische Heimatuniversität, wird er ausgelacht und aus der wissenschaftlichen Gemeinschaft ausgestoßen. Daraufhin wird er Romancier und schreibt einen Bestseller mit dem Titel 'Die Burg der Rhoxane'.

Die kleinste Bucht Dominicas

An der kleinsten Bucht der Karibikinsel Dominica leben die letzten indianischen Ureinwohner, die ihre alten Bräuche bewahrt haben und dem sogenannten 'Freitagismus' huldigen.

Der Dreierbund

Dr. George Miller, ein Krankenhausarzt in Los Angeles, ist
gleichzeitig mit drei Frauen verheiratet und führt mit ihnen
drei Haushalte, wo er abwechselnd in Erscheinung tritt. Die
drei Frauen und Familien wissen nichts voneinander, bis Dr.
Miller einen natürlichen Tod stirbt. Nach dem Tod des Triga-
misten lernen sich die drei Witwen kennen, ziehen zusammen
und erziehen die Kinder gemeinsam.

Die unglaubhaften Mordversuche

Zwei alte Freunde, Eric und Pietro, treffen sich nach langer Zeit
wieder einmal und frühstücken zusammen auf dem Balkon. Dabei berichtet Eric über verschiedene getarnte Mordversuche, die in den
zurückliegenden Jahren gegen ihn gerichtet und verübt wurden. Pietro ist zunächst skeptisch und vermutet Verfolgungswahn, wogegen
Eric den Aphorismus zitiert: "Heutzutage sind die Paranoiker die
wahren Realisten". Am Ende läßt sich Pietro vom Wahrheitsgehalt
der Berichte überzeugen und identifiziert die Mordversucher.

Die Vertreibung aus dem Hörsaal VI

Fünf reife Matronen, deren Brüste im Laufe der Jahrzehnte etwas
schlaffer geworden sind, erinnern sich im Café Laumer in Frankfurt am Main daran, wie sie vor Jahrzehnten mit ihrem entblößten
Busen den Professor Adorno aus dem Hörsaal trieben.

Der Skrimsl

Ein Schriftsteller besucht die isländische Insel Grimsey, um ihre
Bewohner zu beobachten und zu beschreiben, entdeckt aber im Schein
der Mitternachtssonne ein geheimnisvolles Lebewesen namens Skrimsl
und stürzt sich daraufhin auf das Studium der Kryptozoologie.

111 people I met on St. Martins

Eine schöne Kellnerin in einem kleinen Fischrestaurant der englischen Insel St. Martins verdreht allen Gästen die Köpfe, sorgt dafür, daß jeden Abend die Bude voll ist, und bezahlt von ihren üp-
pigen Trinkgeldern dem Besitzer des Restaurants, einem verarmten,
alten Fischer, eine dringend notwendige Operation.

Das Jahr 1844

Karl Marx, zu Besuch in Paris, hört Chopin, den König der Salon-
löwen, hängt seine politischen Aktivitäten und ökonomischen Stu-
dien an den Nagel, nimmt Klavierunterricht bei Chopin, unterstützt
ihn mäzenatisch und gründet zusammen mit Heinrich Heine die Inter-
nationale Chopingesellschaft.

Ein Kopf in Cefalù

Die Bewohner von Stromboli werden nach Cefalù evakuiert und unterhalten sich dort über ihre Insel und über die Geschichte der
Ehe zwischen Roberto Rossellini und Ingrid Bergman.

Meister Willnicht wohnt hier nicht

Gespräche am Küchentisch.

Die zurückgenommene Reform

Die Mitglieder der Rechtschreibreformkommission geben in einer
großen Pressekonferenz bekannt und zu, daß sie von den Wörterbuch-
verlagen geschmiert worden sind. Die Wörterbuchverlage wollten
die Rechtschreibreform nur deswegen durchdrücken, weil sie dem
deutschen Volk Millionen neuer Wörterbücher verkaufen und sich
damit von Grund auf sanieren wollten. Die reuigen Mitglieder der
Rechtschreibreformkommission gründen einen eigenen Verlag, lassen
Wörterbücher mit den alten Schreibungen und den alten Regeln
drucken und setzen in einem langen, erbitterten Ringen durch, daß
überall in den deutschsprachigen Landen wieder die alte (und bes-
sere) Rechtschreibung eingeführt wird.

Maria y Maria again and again

Die beiden Revuetänzerinnen und Revuesängerinnen haben dem töd-
lich verletzten Flores geschworen, seinen politischen Kampf fort-
zusetzen. Nachdem sie das ganze mittelamerikanische Heimatland
von Flores erobert haben, kehren sie zurück nach Paris und erzählen von ihren Abenteuern in einer großaufgezogenen Revue. Die
beiden Marias haben ihre Auftritte in der Revue absolviert und
sitzen im Unterkleid in der Garderobe; das Orchester spielt nur
noch ein Abschlußstück. Die eine Maria versucht die andere Maria
zu überreden, den geliebten Flores endlich zu vergessen und mit
ihr zusammen noch in dieser Nacht auf Männerfang zu gehen. Da hö-
ren die beiden Marias in der Garderobe, wie der Direktor noch
einen Gaststar ankündigt, der nach langer Krankheit genesen und
überraschend in Paris eingetroffen sei. Der Gaststar spielt auf
der Gitarre ein paar Akkorde und singt mit warmer, werbender Stimme: "Viva Maria y Maria ...". Die beiden Marias erkennen die
Stimme, stürzen im Unterkleid auf die Bühne und fallen über Flores
her. Der Vorhang muß fallen.

Mozart auf der Rückreise von Prag

Mozart besucht mit Lorenzo da Ponte Giacomo Casanova in Dux und beratschlagt mit beiden über eine Fortsetzung der Oper 'Don Giovanni'.

Wenn sich die späten Nebel dreh'n

Im Radio 'Lili Marleen' in den letzten Kriegsmonaten. Flucht-
erlebnisse dann. Roman um das erste Halbjahr 1945.

Überkopfflugball

Wimbledonroman. Gottfried von Cramm und die übrigen deutschen
Turnierteilnehmer versuchen, die Turnierbesucher Chamberlain und
Churchill zum rechtzeitigen Eingreifen gegen die Hitlersche
Kriegstreiberei zu bewegen.

Die Hölle auf Erden

Auf Neuseeland verfolgen und kommentieren einige Bewohner einen
Atomkrieg auf der Nordhalbkugel, und sie debattieren heftig darüber, ob und wann der ganze Nukleardreck auch bei ihnen ankommt.

Aliens and Australians

Ein Lastwagenfahrer wird nachts in einer australischen Wüste
von Aliens überfallen und wehrt sich erfolgreich. Als er er-
schöpft und zerzaust an der nächsten Raststelle von seinen
Erlebnissen berichtet, erklärt man ihn für verrückt und liefert
ihn in das nächste Krankenhaus ein.

Der Desperado

Ein italienischer Abenteurer namens Michele findet in einem
peruanischen Gebirgssee einen Goldschatz der Inkas und wird
zum Finanzier der Tupamaros.

Alma und Franziska

Die Mahler-Werfel und die Reventlow unterhalten sich über ihre
Männer und beschließen, sie sich gegenseitig auszuleihen.

Jazz und Coca-Cola

Der Sohn von Scott Joplin besucht Jelly Roll Morton, James P.
Johnson, Earl Hines, Fats Waller, Art Tatum, Erroll Garner und
Oscar Peterson und berichtet ihnen von seinen Forschungen über
die Ursprünge des Jazz.

Die Briefe des Udepos Kallisthenes

Kallisthenes schreibt aus dem Gefängnis in Babylon Briefe an seinen Onkel Aristoteles.

Die Kunst, das Klavier zu berühren

Protokolle eines Akkordarbeiters.

<u>Das Notwendige tun</u>

Ein hundertjähriger Arbeiter, Amateurboxer und zweifacher Welt-
kriegsteilnehmer erzählt aus seinem Leben und wie er mit heiler
Haut aus allen Schlamasseln herauskam.

Der Stein der Waisen

Der Rattenfänger von Hameln wird Anführer eines Kinderkreuzzuges
und geht mit seinen jugendlichen Gefolgsleuten in den Bergen
Anatoliens zugrunde.

<u>Panther Rhein</u>

Wie und warum Michael Holzach seinem Hund hinterhersprang.

Sepptête

Der Fußballtorhüter Maier enthüllt am Ende seiner Karriere,
daß er ein unehelicher Sohn Karl Valentins ist.

Die Nichtmehrjungfrau

Die untragbaren Tragödien der Sängerin Kidney Spearmint.

Der Hüter der Ziegen

Ein Pilot wird als verschollen gemeldet. Zehn Jahre später
finden seine Frau und sein Sohn ihn wieder als Ziegenhirten,
der sich erst nach und nach an seine Vergangenheit erinnert.

Kolumbus entdeckt Amelia

Kolumbus bleibt auf den Kanarischen Inseln hängen, heiratet die
Guanchenprinzessin Amelia, verzichtet auf eine Fahrt in Richtung
Amerika und verzehrt jeden Morgen zum Frühstück ein verlorenes Ei.

Fünfundfünfzig Länder

Ein Globetrotter schreibt über jedes Land, das er bereist hat, vier Seiten; macht zusammen ein Buch von knapp über 22o Seiten.

Im schwarzen Buch

Aus der Kindergartenzeit.

Das Jahr der 445 Tage

Das Jahr 46 v.Chr. hatte aus Gründen der Kalenderreform 8o Tage
mehr als ein normales Jahr. Roman über Caesar und seine Feinde
und warum Caesar den Fehler machte, seine Leibwache zu entlassen.

Friedrich vom Sockel

Landgraf Friedrich steigt eines Nachts von seinem Sockel auf dem
Friedrichsplatz, wirft sich einen modischen Mantel um und be-
schreibt das nächtliche Kassel des 21. Jahrhunderts.

Ein Sommer bei Nessielein

Schottische Impressionen über einen Maler, der sich in die Nesseln setzt, als er das Loch Ness malt und gerade keinen Fotoapparat dabei hat, um ein plötzlich auftauchendes Ungeheuer zu dokumentieren.

Lichtenljungberg

Auf dem Dachboden eines alten schwedischen Hauses werden
Lichtenbergs Briefe an seinen Freund Ljungberg gefunden.

<u>Nelas Album</u>

Fotos und Bilderklärungen von der hinreißenden
Aniela Rubinstein.

Mein Freund Will

In den Archiven des Vatikans stöbert Benedetto Croce die
Tagebuchaufzeichnungen Giordano Brunos über William Shakespeare auf.

Tutu, Tutullo, Tutullino

Die grande amore der Gabriella Gravocanella.

Die gestrichenen Tage

Der Gregorianische Kalender löst den Julianischen ab. Zur An-
gleichung des Kalenderjahrs an das Sonnenjahr werden im Oktober
1582 zehn Tage ersatzlos gestrichen: auf den 4. Oktober 1582
folgt sofort der 15. Oktober 1582. Roman aus diesem Monat, in
Spanien spielend. Die Vorgeschichte der Armada und ihrer Kapitäne.

Wie ich die Yowies fand

Ein Forscher sucht nach Affenmenschen in Australien, findet aber
nur auf der Hinreise und Rückreise Young Oriental Women.

Nohant

Auf Nohant, dem Landsitz von George Sand, erzählen ihre beiden
Hunde, genannt Marquis und Dib, dem Besucher Flaubert alle großen und kleinen Ereignisse der zurückliegenden Jahrzehnte.

Der Professor im Sagenland

Ein Erforscher der 'modern urban legends' namens Rednich veröffentlicht angebliche Legenden, die in Wirklichkeit zum großen Teil
authentische Begebenheiten sind.

Das untragbare Taschenwörterbuch

Roman über Voltaire und Diderot, die anfangs nur von einem kleinen Wörterbuch träumen und schließlich eine vielbändige Enzyklopädie ins Werk setzen.

Bei der nächsten Frau ist es wieder das Gleiche

Ergänzungsroman von Adam Dunkler.

<u>Wie Oskar Maria Graf die Chance verpaßte, Deutschland zu retten</u>

München, 2oer Jahre des 2o. Jahrhunderts. Oskar Maria Graf unterhält sich beim Bier mit einem obskuren Psychopathen, Demagogen
und Stammtischpolitiker und macht den Fehler, ihn nicht
ernstzunehmen.

Hannibal intra muros

Nach der Schlacht am Trasimenischen See erobert Hannibal Rom
und verkauft alle Römer in die Sklaverei.

Der zufällige Olympiasieger

Ein junger Organist trainiert mit seinem Schwager, der sich ein
Bein bricht, springt für ihn ein, gewinnt eine Goldmedaille bei
den Olympischen Spielen und spielt eine weltweit verbreitete
Schallplatte mit Weihnachtsliedern ein.

Du darfst mich siezen

Herr Knigge macht eine Studienfahrt nach Indien und wird beim
Baden im Meer von einem Hai attackiert, der allerdings sofort
von ihm abläßt, als er sieht, daß Herr Knigge aus einer Tasche
seiner Badehose ein Messer hervorzieht. Zum Dank für sein wun-
dersames Überleben schreibt Herr Knigge ein Buch über Tisch-
sitten und Benimmregeln.

Der Dietrich

Dietrich von Bern beerbt den letzten Hunnenkönig und zieht mit
den Hunnen zurück nach Asien, wo er für sie alle Türen öffnet.

Spartakus kam bis Sparta

Spartakus führt sein Sklavenheer in den Peloponnes, erneuert
in Sparta das Königtum und verteidigt sein Königreich erfolgreich gegen alle römischen Feldherren.

Collobrières

Brigitte Bardot schickt von Collobrières aus jeden Abend
ein Double nach St. Tropez.

Coca Cola di Rienzi

Pepsi und Coca kämpfen um die Macht in Rom.

Im Felde singt die Nebelfrau

Warum es in der Rhön so schön ist, auch wenn es den ganzen
Sommer lang regnet.

<u>Travemünde, Skandinavienkai</u>

Thomas Mann, Heinrich Mann, Klaus Mann und Golo Mann diskutieren in Travemünde über die bevorstehende Emigration und über die in Frage kommenden Fluchtländer.

Die unerträgliche Seichtigkeit des Schweins

Nero treibt im Banne Agrippinas, Messalinas und anderer Inas
einen Unfug nach dem anderen, bis er schließlich in Seneca seinen
Meister findet.

<u>Altisidora</u>

Don Quichotte galoppiert auf Rosinante in den Hafen der Ehe ein
und versinkt in ihm, wird aber in letzter Minute von Sancho Pansa
an Land gezogen.

Wie Herr Viereck in Bedrängnis geriet

Vor ein paar Jahrhunderten gab es in Deutschland noch keine Perso-
nalausweise und noch keine Reisepässe. Das hatte viele Vorteile,
aber auch manche Nachteile. In jenen vergangenen Zeiten machten
vier Handwerksburschen gemeinsam eine längere Fußreise. Sie hatten
alle das gleiche Ziel, eine größere Stadt, der sie sich Tagesmarsch um Tagesmarsch näherten. Der eine der vier Burschen hieß
Viereck, die Namen der drei anderen wollen wir verschweigen. Als
sie alle nur noch einen Tagesmarsch von jener größeren Stadt entfernt waren, übernachteten sie in einer Herberge, spielten den
ganzen Abend um Geld Karten, und Viereck war der große Gewinner
des Abends: die anderen drei verloren allesamt erkleckliche Sum-
men an Viereck. Das verdroß die drei Verlierer, und am nächsten
Morgen verabredeten sie in aller Herrgottsfrühe und in aller Heim-
lichkeit, daß sie dem Viereck einen Streich spielen wollten. Be-
vor Viereck aus den Federn kam, brachen die drei zu jener größeren
Stadt auf. Sie beeilten sich, und als sie am Nachmittag in die Nä-
he der Stadt kamen, ging einer von ihnen verabredungsgemäß voraus
und stellte sich bei der Wache am Stadttor als 'Herr Eineck' vor;
in jener Stadt wurden alle ankommenden Reisenden mit ihrem Namen
in ein großes Buch eingetragen. Eine Stunde später klopfte, wie
das die Burschen ausgemacht hatten, der zweite an das Stadttor und
nannte als seinen Namen 'Herr Zweieck'. Da schauten die Leute von
der Stadtwache etwas bedenklich drein, schrieben dann aber seinen
Namen in das Buch. Wieder eine Stunde später erschien der Dritte
im Bunde und gab als seinen Namen 'Herr Dreieck' an. Lange mußte
er mit den erbosten Stadtwachen diskutieren, aber schließlich
ließen sie sich erweichen und ließen ihn laufen. Am späten Abend
trat dann noch Herr Viereck in Erscheinung, doch kaum hatte er
seinen Namen genannt, da packten ihn ohne jede Diskussion die er-
zürnten Stadtwachen und schleppten ihn ins Stadtgefängnis, wo er
eine geschlagene Nacht zubringen mußte. Erst am nächsten Tag ge-
lang es Herrn Viereck, den Beweis zu führen, daß er wirklich
Herr Viereck hieß.

Georg Büchner schreibt seinen Pietro Aretino

Rekonstruktion eines Theaterstücks.

Die Rache der Piraten

Die Piraten kommen aus der Versenkung hervor, drehen den Spieß
herum, besetzen das Dorf von Asterix und Obelix, entschlüsseln
das Geheimnis des Zaubertranks und verkaufen das Rezept des
Tranks an die Wikinger, die daraufhin ganz Europa und ganz Amerika erobern.

Exakt im Takt

Johann Strauß Sohn verhindert eine Tragödie in Mayerling, rettet
Sissi in Genf vor einem Attentäter, macht einen Kunststudenten mit
Vornamen Adolf zu einem Beamten auf Lebenszeit in Linz, entwindet
einem Pistolenschützen in Sarajewo rechtzeitig die Waffe, darf
dann endlich blau machen und wird kaiserlich-königlicher
Donau-Dampf-Schiff-Fahrt-Direktor.

Dippermouth

Louis Armstrong berichtet im Krankenhauspyjama von seinem Aufstieg
aus der Welt des Knasts.

Die Dribbelkünstler

Die beiden Fußballstürmer Ente Lippens und Pille Gecks erzählen,
wie an Gott keiner vorbei kam – außer Stan Libuda.

Mühle auf

Wilhelm Busch kommt beim Rickeracke einer Mühle auf die Idee,
ein Buch über die beiden Racker Max und Moritz zu schreiben.

Die fünfeckige Schneeflocke

Amundsen und Scott treffen sich am Rand der Antarktis, entdecken
Arm in Arm den Südpol und werden vom englischen König zu Gouver-
neuren der Falklandinseln ernannt, wo sie mit dem Nachbarland bes-
te Beziehungen unterhalten und für alle Zeiten Kriege zwischen
England und Argentinien überflüssig machen.

Von Bayreuth nach Beirut

Richard Wagner wird von musikbegeisterten Libanesen zum Emir
von Beirut gewählt, stellt ein Heer zusammen, erobert Palästina
und gewährt dort allen verfolgten Juden Europas Zuflucht.

Georg Elsers Uhr

Warum ein Zeitzünder falsch eingestellt wurde.

Frescobaldi

Ein junger Komponist macht mit seinen chromatischen Passagen
ganz Rom schwindlig.

Freddy Quinn meets Anthony Quinn

Oder wie der Sirtaki erfunden wurde.

Himmlische Begierden

Kierkegaard heiratet Regine Olsen, läßt die Finger von Philosophie und Theologie und entwickelt sich zum bedeutendsten Liebes-
lyriker Dänemarks.

Männeken

Ein hannoverscher Prinz läßt sich von seiner monegassischen
Frau scheiden, heiratet Claudia Schiffer und nimmt deren
Nachnamen an.

<u>Hermine Hiergeist</u>

Eine Seele von Mensch, ihre fünf Ehemänner, ihre zwanzig Kinder
und ihre achtzig Enkelkinder.

Patt und Pattachon

Der Emigrant Trotzki spielt in einem Café Schach mit dem
Schachweltmeister und Philosophieprofessor Lasker, ohne ihn
zu erkennen, verliert die Partie und führt anschließend ein
philosophisches Streitgespräch mit ihm, das unentschieden
endet.

Der Weltgeist auf Rädern

George Bernard Shaw und Bertrand Russell stoßen bei Ausflügen mit ihren Fahrrädern zusammen, werden Freunde und schreiben zusammen Komödien unter dem Pseudonym 'Mr. W.H.'.

Der Millionärsklub

Der Musikmillionär Paul McCartney, der Filmmillionär Sylvester
Stallone, der Boxmillionär Mike Tyson, die Tennismillionäre
Boris Becker und Michael Stich sowie die Fußballmillionäre Ste-
fan Effenberg und Lothar Matthäus gründen einen Klub in London
für alle Millionäre, die einen Teil ihrer Millionen an ihre geschiedenen Ehefrauen los wurden. Als Motto der Klubsatzung dient
ihnen der Aphorismus: "Deine Frau lernst du erst nach der Schei-
dung kennen".

Have a Biermann

Wolf Biermann bringt den kleinen Florian Havemann davon ab,
in den Westen zu flüchten. Als Dank veröffentlicht Florian
Havemann dreißig Jahre später einen achthundert Seiten starken
Roman mit dem Titel 'Biermann'.

Big Fut

Linda Lovelace berichtet über ihre Erlebnisse mit männlichen
Sasquatchs in den Wäldern und Gebirgen Nordamerikas.

Efos

Extraterrestrische Universumerforscher besuchen mit ihren
Flugobjekten die Erde, kartographieren die Länder, spionieren
für die künftige militärische Eroberung unseres Planeten
alles aus und amüsieren sich auch noch königlich darüber,
daß die 'kritische' Öffentlichkeit alle Berichte über die
Efos für Phantastereien hält.

Ein Gespräch auf der Toilette

Ein Mann steht in einer Toilettenkabine, die er von innen ver-
schlossen hat, und ist gerade dabei, sich mit Toilettenpapier
den Hintern abzuwischen, da hört er eine Männerstimme halblaut
sagen: "Hier ist das Geld. Bring das nächste Mal Gras und Ko-
kain mit. Und wenn die Bullen kommen, dann weißt du ja Bescheid".
Eine zweite Männerstimme sagt: "Ja, ist in Ordnung". Beide Männer sprechen dialektfreies Hochdeutsch. Dann ist eine Weile Stil-
le. Einer der Männer geht, man hört eine Tür klappen. Der andere
der beiden Männer öffnet probeweise alle Toilettenkabinen und
kommt auch an die verschlossene Toilettenkabine, wo der unfrei-
willige Lauscher immer noch - Hose runter, Papier in der Hand -
regungslos steht und vor Angst keinen Mucks macht. Nach einer
gewissen Zeit geht auch der zweite Drogendealer. Der Papier in
der Hand haltende Mithörer wagt erst nach ein paar Minuten, sich
den Hintern fertigzuwischen, die Hose hochzuziehen und die Toilette zu verlassen, in der sich nun kein einziger Mensch mehr
befindet. Zehn Meter vom Toilettenausgang steht mitten im Restaurant (es ist eine Restauranttoilette) rein zufällig ein Mann mit
feinen Designerklamotten und tut so, als führe er ein konzentrier-
tes Gespräch auf seinem Handy, behält aber in Wirklichkeit alle
Personen im Auge, die aus der Toilette herauskommen, und das ist
in diesem Moment nur der unwillentliche Abhörer. Der Drogendealer-
gesprächmithörer geht noch am selben Tag zur Polizei und gibt das,
was er gehört hat, zu Protokoll. Danach hört er nie wieder etwas
von der Polizei, und in jene Restauranttoilette setzt er keinen
Fuß mehr. Aber eines Tages klingelt ein Mann mit feinen Designerklamotten an seiner Tür.

Shakespeares Grab

Sean Connery versteckt sich in der Stratforder Kirche, läßt sich
nachts einschließen, öffnet Shakespeares Grab und findet darin
Shakespeares Handexemplar seiner Sonette, in denen er eigenhändig
notiert hat, daß der 'young boy' der Sonette der Earl of South-
ampton, aber der 'Mr. W.H.' der Buchwidmung William Harvey ist.

Cheops

Das Geheimnis der Cheopspyramide liegt unter ihr begraben. Der amerikanische Multimilliardär Bill Gates kauft für eine Milliarde Dollar die ganze Pyramide, läßt sie mitsamt der weit oberhalb liegenden Scheingrabkammer Stein für Stein abtragen, und seine Leute finden unter der Pyramide das unversehrte Grab von Cheops.

Die Odyssee der Ilias

In Alexandria wird auf einem verwilderten und von Sandstürmen
zugedeckten Friedhof das Grab Alexanders des Großen entdeckt und
geöffnet, und in seinem Sarkophag findet sich eine von Aristoteles
redigierte, korrigierte, authentifizierte Ausgabe der Ilias.

The Golden Hind

Francis Drake landet bei seiner Weltumsegelung auf Tahiti,
behält aber striktes Stillschweigen darüber, um die Insel
vor europäischen Eroberern zu bewahren.

Nittaewo

Ein Weddaforscher trifft in entlegenen Dschungelgegenden und
Gebirgshöhlen die letzten Australopithecinen Sri Lankas.

Der Gang nach Canossa

Heinrich der Vierte zieht mit seinem Heer nach Italien, setzt
den Papst gefangen und läßt sich zum Kaiserpapst proklamieren.

Scardanelli

Der kranke Hölderlin enthüllt in einem lichten Moment, was es
mit seinem geheimnisvollen Mentor Scardanelli auf sich hat.

Cambridge gegen Oxford

Wittgenstein wird Steuermann des Cambridger Achters, verliert
aber mit seinen Mannen fünf Ruderduelle hintereinander gegen
den Achter aus Oxford. Danach schreibt Wittgenstein fünf Jahre
lang an einem Buch gegen die Oxforder Philosophie.

Die drei Lores

Lore Kipp, Lore Folk und Lore Filgium schreiben zusammen einen Loreroman und freuen sich darüber, daß eine ganze verlorene Generation auf ihren Kokelores hereinfällt.

Die konzertierte Aktion

Paderewski animiert Pilsudski im Februar 1933 dazu, Deutschland
zu besetzen und zu entwaffnen.

Aristander

Granikus, Issus, Gaugamela ... war doch alles vorauszusehen.

La Vera Rita Lola

Rita Hayworth spielt im Film die Rolle der Lola Montez und fliegt
nach den Dreharbeiten nach München, um Vera Brühne im Gefängnis
zu besuchen und aufzumuntern.

Das Vermächtnis des Antonio Stradivari

Eine Frau Mutter kauft in einem Antiquariat in Cremona ein
vergilbtes Manuskript und findet darin Stradivaris Rezept
für den speziellen Klang seiner Geigen.

Von Muri nach Muri

Walter Benjamin geht in dem Schweizer Ort Muri bei Bern den
Lebensspuren Albert Einsteins nach und reist dann auf die
Cook-Inseln in der Südsee, um daselbst in dem Ort Muri auf
der Insel Rarotonga die physikalischen und astronomischen
Voraussagen Einsteins zu überprüfen.

Schriftfest

Auf der Fahrt zum Nordkap wird ein Tourist in Hammerfest
festgenagelt, weil er verdächtige Schriften mit sich führt. Es
stellt sich heraus, daß er unterwegs ist zu einem Treffen mit
östlichen Geheimdienstagenten. Dann entkommt und verschwindet
der vermeintliche Tourist. Zwanzig Jahre später taucht er mit neuer Identität wieder auf und wird Fremdenverkehrsleiter in
Hammerfest, und zu seinem siebzigsten Geburtstag erscheint eine
Festschrift über ihn.

Die Verabredung

In einem Gefangenenlager befreunden sich nach dem Ende des zweiten
Weltkriegs der ganz junge Günter Grass und der ganz junge Joseph
Ratzinger. Sie verabreden, daß sie sich sechzig Jahre später,
wenn sie beide auf getrennten Wegen berühmte Männer geworden sind,
erneut treffen, um gemeinsam die Welt zum Frieden zu ermahnen und
zum Frieden zu führen.

Zieht'n aus dem Busch

Ein Soldat versteckt sich im Gebüsch, überlebt die Schlacht,
läuft zum Gegner über und steigt zum General auf.

Der TuS Helgoland

Tusnelda flieht aus dem Gefängnis in Rom, schlägt sich durch
bis in die Heimat, rettet ihren Mann Armin vor den undankbaren
Cheruskern und überredet ihn dazu, mit ihr nach Helgoland zu
gehen, wo sie als einfache Fischer leben wollen. Ihre Nachkommen
gründen zweitausend Jahre später den TuS Helgoland und laden den
AS Rom zu einem Fußballfreundschaftsspiel ein, bekommen aber auf
ihre freundliche Einladung keine Antwort.

Die Lollobrigade

Die schönsten Frauen der Welt (Gina Lollobrigida, Sophia Loren,
Claudia Cardinale, Brigitte Bardot, Catherine Deneuve und noch
ein paar andere) treffen sich in Mailand und gründen einen Verein
zur Verteidigung der Männer gegen die Frauenbewegung.

Die Heilung des Philosophen

Meta von Salis und Lou Salomé eilen an das Krankenlager von
Nietzsche, befreien ihn aus den Klauen des Lamaismus und schaf-
fen ihn nach Wien, wo er in dreijähriger Arbeit durch Sigmund
Freud von seinem Wahnsinn geheilt wird.

Der Herr Auch

Schillers Freund Auch, der von dem Dichter so schön mit den
Worten "Mut zeigt Auch, der Mameluck" gefeiert wurde, zieht
auf seine alten Tage nach Wandsbek, wo sich Matthias Claudius
seiner annimmt und ihm mit den Worten " ... laß uns ruhig
schlafen und unsren kranken Nachbarn Auch" ein unvergängliches
Denkmal setzt.

Die Schicksale der Ammoniter

Die Ammoniter werden aus dem Jordanland vertrieben, emigrieren
nach Deutschland und reorganisieren sich dort unter der Führung
des Psychoanalytikers Günter Ammon.

Die Hegelinge

Die aus der Schlacht mit den Nibelungen entkommenen Hegelinge
retten sich ins Schwabenland, überleben im Verborgenen und wäh-
len 1770 in Stuttgart zu ihrem neuen Häuptling den soeben gebore-
nen Georg Wilhelm Friedrich Hegel.

Das Riesenspielzeug

Ein junger Mathematiker namens Adam, im Frankenland geboren,
durchwandert begeistert das Nördlinger Ries, vermißt seinen
Durchmesser und veröffentlicht im Jahre 1518 das Buch 'Berechnung
aller Linien und Felder durch Adam Riesen'.

Die Geburt der Reformation

Zwingli schreibt seinem Lutherbuben, daß die Philosophie
die Magd der Theologie sei. Luther findet das nicht ganz zwingend
und seufzt vor sich hin: "Mit unsrer Magd ist nichts getan". Und
so stellt sich denn Luther hin und kocht sich selbst ein Thesen-
süppchen und geht mit der Gabel in den Augiasstall, um ihn eigenhändig auszumisten. Später kam man dann auf die Idee, die aus der
Not geborene Tugend mit dem vornehmen Namen 'Reformation' zu
umkleiden.

Das letzte Gefecht

Die vier altgewordenen, aber noch ganz rüstigen Musketiere holen
unter der Führung von Robin Hood Jeanne d'Arc vom Scheiterhaufen
herunter und gründen mit ihr im Nottingham Forest die erste
Kommune der Welt.

Castel del Monte

Friedrich der Zweite von Hohenstaufen legt seinen Kaisertitel ab
und verbringt in einem apulischen Schloß seinen Lebensabend mit
der Falknerei.

Apatsche

Winnetous Schwester liebt Old Shatterhand, macht aber zur Bedingung für die Heirat, daß er zu ihrem Manitouglauben übertritt,
was er nach einigem Zögern auch tut.

Der Garten Schweden

Im Schärengarten vor Stockholm mit einer Gärtnerin leben. Kleiner
Idyllenroman.

Molto in Gamba

Die Geschichte einer Kniegeigerin und eines Stehgeigers, im
Pizzicatostil zu schreiben.

Der Unter-Gang von Heidelberg

Hans Peter Duerr entdeckt eine unterirdische Rohrleitung zwischen dem Heidelberger Faß und der Heidelberger Hauptstraße, mit der die Minoer schon in grauen Vorzeiten und Traumzeiten kretischen Wein vom Schloß in die Tavernen der Altstadt leiteten.

F... heißt die Kanaille

Ein deutscher Soziologiestudent namens F... macht Urlaub in
Frankreich, verliebt sich unsterblich in eine französische Studentin und unterstreicht seinen Heiratsantrag mit dem Hinweis,
daß er in absehbarer Zeit Soziologieprofessor werde. Sein Antrag
wird lachend abgewiesen, weil die französische Studentin aus einer reichen Familie kommt und deshalb auf das vergleichsweise
bescheidene Gehalt eines deutschen Soziologieprofessors nicht
angewiesen ist. F... bricht daraufhin sein Soziologiestudium ab
und wird Clochard in Indien.

Bernd C.

Ein Mann sucht einen alten Schulkameraden namens Bernd C. und
telefoniert mit dessen Bruder, der ihm mitteilt, daß er ihm nur
eine fünfzehn Jahre alte Adresse von Bernd C. geben könne, weil
er seit anderthalb Jahrzehnten keinen Kontakt mehr mit seinem
Bruder habe. Der Mann schreibt einen Brief an diese Adresse und
erhält ihn von der Post zurück ('Empfänger unter der angegebenen
Anschrift nicht zu ermitteln'), liest aber auf dem Kuvert eine
handschriftliche Notiz, die nach seiner Intuition in der Hand-
schrift seines alten Schulkameraden geschrieben ist. Er reist
zu der fünfzehn Jahre alten Anschrift seines alten Schulkameraden
und macht bestürzende Entdeckungen.

Ein Traum in Bergen

Ein 39 Jahre alter Deutscher reist in die norwegische Stadt
Bergen, läuft den ganzen Tag in ihr herum und setzt sich abends
hundemüde in eine Kneipe, vor sich ein Humpen Bier. Er stützt
den Ellbogen auf den Tisch und den Kopf auf seine Hand und schläft
in dieser Position ein. Im Schlaf ist er unsagbar glücklich und
träumt einen wunderschönen Traum. Plötzlich hört er in einer ihm
fremden Sprache eine Stimme, die ihn aus dem Schlaf reißt. Er
fährt auf und zurück und sieht vor dem Tisch eine blonde Engelfrau
stehen, die ihn mit weitaufgerissenen Augen verzückt anstarrt. Im-
pulsiv beugt er sich schnell nach vorn und fragt, was sie gesagt
habe. Ein warmer Liebesblitz zuckt aus ihrem Auge auf ihn nieder;
sie streckt den Arm aus und zeigt wortlos auf die freien Sitze an
seinem Tisch, worauf auch er seinen Arm ausstreckt und herrisch
auf den Stuhl neben ihm deutet. Die Frau erwidert auch darauf kein
Wort, dreht sich mit holdseligem Lächeln herum und schwebt davon
- und kehrt nach einer halben Minute wieder mit einem Mann vom
Typ Messerstecher.

Der neue Eckermann

Roman über Fritz vom Feuilleton, der im Nachlaß Eckermanns
einen Bericht über Goethes Eisenbahnreisen entdecken zu
können glaubt.

K.A. und P.G.

Ein junger Jurist namens K.A., Jahrgang 1912, wird mit 21 Jahren
Pg, macht Karriere im Nationalsozialismus, plündert Juden aus und
bereichert sich an ihren Besitztümern, ohne sich selbst die Finger
blutig zu machen. Nach dem Krieg sattelt er um, wird Zeitungs-
schmierer und profiliert sich unter dem Namen P.G. in der links-
liberalen Presse als antifaschistischer Publizist.

Die Frau des Ex-Kaisers

Ein österreichischer Kavallerieoffizier erhält von Metternich
den Auftrag, die Ehefrau des nach Elba verbannten Ex-Kaisers
Napoleon auf ein Schloß in der Steiermark zu begleiten, ein
Verhältnis mit ihr zu beginnen und alle Briefe Napoleons abzufan-
gen. Der Auftrag wird erfolgreich ausgeführt: schon nach kurzer
Zeit ist sie die Geliebte des Offiziers, der alle Briefe Napoleons
kassiert und an Metternich weiterleitet. Als Napoleon Elba verläßt, sein Kaisertum für drei Monate wiedererlangt und schließlich in Waterloo endgültig besiegt wird, bekommt der Offizier von
Metternich den Befehl, die Frau des Ex-Kaisers völlig von der Welt
abzuschließen und ihr alle diese Ereignisse zu verschweigen. Nachdem Napoleon nach St. Helena abgeschoben worden ist, gesteht der
Offizier seiner Geliebten, was er alles auf Geheiß Metternichs
getan hat. Sie verzeiht ihm und lebt mit ihm zusammen bis an sein
Lebensende.

Amazonas

Die letzten Amazonen werden von den Hunnen ans Schwarze Meer
getrieben, wo sie ein Schiff bauen und von da nach Brasilien
segeln, um an den Quellflüssen des Amazonas ein neues Skythien
zu gründen.

<u>Holzwege</u>

Kassandra schleicht nachts mit einer Fackel zum hölzernen
Pferd und setzt es in Brand. Schliemann findet später die
Überreste und stellt fest, daß sowohl das Holz der Arche
Noah als auch das Holz des Trojanischen Pferdes aus dem
gleichen Wald stammen.

Der Briefschatz

Eine ganz junge Türkin verliebt sich in Ankara in einen belgischen Jungen, der mit seinen Eltern für ein paar Monate in die Türkei gekommen ist. Als der Junge mit seinen Eltern nach Belgien zurückgehen muß, verspricht er seiner türkischen Liebe, ihr jede Woche einen Brief zu schreiben, doch erhält sie nach seiner Abreise nie einen Brief von ihm. Nach ein paar Jahren wird das Mädchen volljährig, da übergibt ihr ihre Mutter eines Tages einen großen Packen Briefe - die Mutter hat alle Briefe des jungen Belgiers an sich genommen, ihrer Tochter vorenthalten und sorgfältig aufgehoben. Die volljährig gewordene Türkin fährt bei nächster Gelegenheit nach Belgien und sucht die Familie des belgischen Jungen auf; dort erfährt sie, daß der Junge ins Kloster gegangen und Mönch geworden sei. Sie begibt sich zu dem Kloster und erhält eine Gesprächserlaubnis mit 'ihrem' Mönch, der ihr in einer kurzen Unterredung mit dürren Worten mitteilt, daß er mit seinem früheren Leben abgeschlossen habe und jetzt nur noch Gott liebe. Dann erhebt er sich und verschwindet auf Nimmerwiedersehen in seiner Zelle.

Die Löwengrube

Eine kenianische Prostituierte spezialisiert sich darauf, allein-
reisende männliche Touristen zu einer Gratissafari einzuladen und
sie zu einer einsamen Lodge zu locken, wo die Helfershelfer der
Frau die Touristen ausrauben und sie von Löwen, die in einer um-
zäunten Grube gehalten werden, spurlos auffressen lassen.

Eine ganz kurze Liebe

Ein amerikanisches Au-Pair-Mädchen, dessen Eltern, ein Ethnologenpaar, bei mexikanischen Gebirgsindianern Forschungen unternehmen, kommt zu einer alleinerziehenden Frau nach Deutschland.
Die Frau nimmt das Mädchen und ihre eigenen kleinen Kinder mit
zu einem Urlaub in Norderney. Sowohl die Frau als auch das Au-
Pair-Mädchen verlieben sich in einen Mann, der als Kurgast im
Nachbarhotel logiert. Ohne daß die Frau dies bemerkt, schreibt
das Mädchen jeden Tag einen kurzen Brief an die New Yorker Post-
adresse ihrer im mexikanischen Gebirge unerreichbaren Eltern. In
diesen Briefen berichtet sie über ihre Liebe zu dem Mann und auch
über die Liebe der Frau zu dem gleichen Mann. In ihrem letzten
Brief schreibt sie, die Frau wolle sie als Nebenbuhlerin umbrin-
gen und die Eltern möchten doch bitte ihren Tod rächen. Bei einem
Segelausflug am nächsten Tag bringt die Frau das Mädchen um und
tarnt den Mord als Badeunfall. Die Polizei schöpft keinen Ver-
dacht und registriert nur einen Unfall. Die Frau und der Kurgast
heiraten. Wenig später bekommt das frischgebackene Ehepaar Besuch
von dem amerikanischen Ethnologenpaar, das unterdessen aus Mexiko
zurückgekehrt ist und in New York die vorgefundenen Briefe der
Tochter gelesen hat. Das amerikanische Paar lädt das deutsche Paar
zu einem Probeschluck aus einer Likörflasche ein, die es aus
Mexiko mitgebracht hat. In den Likör haben die Ethnologen ein
geruchsloses und geschmackloses Gift gemischt, das sie bei den
mexikanischen Gebirgsindianern kennengelernt und von dort mitgebracht haben. Das Gift lähmt zuerst die Bewegungsmuskulatur und
führt dann nach einer halben Stunde zum Tod. In dieser halben
Stunde liest das amerikanische Paar dem deutschen Paar die Briefe
der Tochter vor.

Die Katze der ganzen Welt

Eine Opernsängerin namens Inga singt die Titelrolle der Oper
'Die Katze' bei der deutschen Erstaufführung mit solch phäno-
menalem Erfolg, daß sie auch bei der französischen Erstaufführung die 'französische Katze' und bei der englischen Erstaufführung die 'englische Katze' wird. Später wird sie auch
noch die 'spanische', die 'portugiesische', die 'russische',
die 'amerikanische', die 'japanische' und schließlich die
Katze der ganzen Welt. Nur einen Kater findet sie auf der
ganzen Welt nicht.

Höhnisch

Ein Regierungssprecher muß zurücktreten, weil herauskommt, daß
er sich in seinem früheren Journalistenleben als positiver Mer-
cedesrezensent betätigt hat und dafür rein zufällig hohe monat-
liche Zahlungen von dem Autokonzern erhielt, der die Mercedes-
wagen herstellt. Weil er aber nicht auf den Mund gefallen ist,
fällt er nach oben, wird Chefredakteur einer weitverbreiteten
Illustrierten und verdient wesentlich mehr Geld als während seiner Zeit als Regierungssprecher und als Autorezensent.

Der freigesprochene Maurer

Ein Staatsmann wird von Presseleuten zum Rücktritt aufgefordert, weil er Freimaurer ist, darf aber vorläufig in seinem Amt bleiben, weil niemand in der Öffentlichkeit genau weiß, was die Freimaurer eigentlich wollen. Nachdem er das natürliche Rücktrittsalter erreicht hat, schreibt er ein dickes Buch über die Entschlüsselung aller Freimaurersymbole in der Oper 'Die Zauberflöte'.

<u>Ca</u>

Enrico Caruso will eine vollständige Liste aller Namen zusammen-
stellen, die mit Ca anfangen, gibt aber nach den Namen Canova,
Casanova, Cagliostro, Caracalla, Caligula, Catilina auf und sammelt lieber Namen, die mit En anfangen.

Die beiden Schulen

Die Alte Frankfurter Schule kommt zu der Erkenntnis, daß sie
nicht mehr viel zu sagen hat, und fusioniert mit der Neuen Frankfurter Schule. Zum Präsidenten wird ein Binde-strich-glied zwischen Alter und Neuer Frankfurter Schule gewählt.

Widderkopf

Philipp von Makedonien entwickelt die militärische Idee, sich
wie ein Widder zurückzuziehen, um danach umso kräftiger vor-
zustoßen. Als er dann auch noch von den Thebanern die Idee der
schiefen Schlachtordnung klaut, ist gegen die makedonische
Phalanx kein Kraut mehr gewachsen.

Sissi, die ewig junge Königin

Elisabeth von Österreich flieht aus dem engstirnigen Wien nach
Korfu, läßt sich in der Villa Achillaion nieder, kauft von ihrer
Apanage den Griechen nach und nach die ganze Insel ab, gründet
das Königreich Korfu und wird die Mäzenin von Sigmund Freud, Karl
Kraus, Arthur Schnitzler, Hugo von Hofmannsthal, Egon Friedell,
Alfred Polgar, Franz Werfel, Georg Trakl und Karl-Heinz Böhm.

Diebstahl ist Eigentum

Fourier klaut aus der Rothschildbank eine Million und gründet
damit eine Phalanstère in der Normandie, wo er für alle Dichter,
Schriftsteller, Maler, Künstler,und Philosophen Frankreichs
ein eigenes, hübsches Arbeitszimmer einrichtet.

Borkum

Der junge Gauguin bekommt in der Bretagne, wo gerade der Bürgermeister von Borkum Urlaub macht und seine Bilder sieht, das Angebot, als Inselmaler von Borkum bei freier Kost und freiem Logis daselbst zu leben und zu arbeiten. Gauguin kommt zunächst für ein paar Monate nach Borkum, verliebt sich in eine Walfängertochter, bleibt sein ganzes Leben auf dieser Insel und wird zum berühmtesten Nordseemaler der Welt.

Der Name der Hose

Der Sohn von Johann Strauß Sohn emigriert nach Amerika, heiratet eine geschickte Schneiderstochter namens Levi, wird der erfolgreichste Jeansfabrikant der Welt und spendiert auf seine alten Tage der Stadt Wien ein neues Opernhaus.

Der Ball ist rund

Ein deutscher Soldat namens Jugendherberger gerät während des
ersten Weltkriegs in englische Gefangenschaft und erlernt in der
englischen Stadt Rugby das nach dieser Stadt benannte Rugbyspiel.
Zurückgekehrt in seine deutsche Heimat, kommt er zu der Erkenntnis, daß Rugby doch ein bißchen zu wüst und eckig ist. Er spezialisiert sich lieber unter dem Einfluß des Schalker Kreisels auf
das Spiel mit runden Bällen. Als es ihm dann noch gelingt, elf
Spieler namens Turek, Kohlmeyer, Liebrich, Posipal, Eckel, Mai,
Ottmar Walter, Fritz Walter, Schäfer, Morlock und Helmut Rahn in
Freunde zu verwandeln, beginnt der Siegeszug des deutschen Fuß-
balls.

Der abgesagte Kreuzzug

Barbarossa sammelt am Kyffhäuser sein Heer für einen Kreuzzug
nach Jerusalem. Da tritt eine sarazenische Seherin vor ihn und
weissagt ihm, daß er nicht über den Fluß Saleph hinauskommen
werde. Er läßt sich von ihr bezirzen, verzichtet auf die Reise
nach Jerusalem und reist stattdessen nach Salem am Bodensee, wo
er eine Internatsschule gründet und eine Kaiserpfalz errichtet.

Sorayas zweites Leben

Die Ex-Kaiserin Soraya vermittelt eine Ehe zwischen Lady Di und
Kennedy Junior, überredet Chomeni dazu, in Paris zu bleiben, in-
struiert und mobilisiert das persische Militär und erhält ihrem
geschiedenen Mann den Pfauenthron.

Messerli

Ein Schweizer Ehepaar namens Messerli steigt aus dem bürgerlichen
Berufsleben aus, kauft ein Segelboot und schippert um die Welt,
um die Insel seiner Träume zu finden. Nach langen Monaten entdecken sie auf den Salomonen eine Insel, deren Silhouette sie schon
aus der Ferne begeistert. Sie halten darauf zu, sichten eine Bucht
mit blauem Wasser und Sandstrand und ankern dort. Der Mann zieht
seine Badehose und seine Gummiflossen an und schwimmt vergnügt in
der Bucht umher, bis er vor den Augen seiner entsetzten Ehefrau
von einem Salzwasserkrokodil unter die Wasseroberfläche gezerrt
wird und nicht mehr auftaucht. Frau Messerli rennt ins nächstgele-
gene Dorf und bittet die Insulaner um Hilfe, aber die finden nur
noch die Gummiflossen ihres Mannes. In den Jahren darauf kehrt
Frau Messerli jeden Sommer zu dieser Insel zurück und finanziert
den Bewohnern eine neue Schule, eine neue Krankenstation und
alles, was sie sonst noch brauchen.

Das nicht immer banale Böse

Ein deutscher SS-Scherge, der Tausende von Juden auf dem Gewissen
hat, entkommt nach dem Ende des zweiten Weltkriegs nach Brasilien
und baut sich dort mit dem vielen Geld, das er beiseite geschafft
und mitgebracht hat, eine Existenz als Pferdezüchter auf. Der israelische Geheimdienst setzt einen österreichischen Agenten auf
den SS-Mann an, der dessen Vertrauen gewinnen und die Entführung
nach Israel vorbereiten soll. Der zunächst mißtrauische SS-Mann
stellt den Österreicher auf die Probe: er macht mit ihm einen Au
flug zu zweit in den Urwald, erzählt ihm von seiner neuen Pistole, die mit soundsoviel Schuß geladen sei, und drückt ihm diese
Pistole in die Hand, als er mal zu einem kleineren Geschäft hint
dem nächsten Busch verschwinden muß. In Wirklichkeit enthält die
se Pistole keine einzige Patrone, und der SS-Mann trägt in seine
Stiefel eine zweite, kleinere Pistole, die tatsächlich geladen i
und von der er kein Sterbenswörtchen erzählt hat. Der Österreich
fällt nicht auf die Probe herein und gibt die Pistole zurück, al
der Deutsche von seinem Geschäft zurückkommt. Nach zwei Jahren h
der Österreicher fast völlig das Vertrauen des Deutschen gewonne
und lädt ihn in eine Villa ein, wo vier bewaffnete israelische
Geheimdienstagenten warten. Der Deutsche wittert kurz nach dem
Betreten der Villa eine Falle und zieht vorsichtshalber seine P:
tole, woraufhin er sofort von den Israelis erschossen wird. Dre:
Jahre später machen sie es dann bei Eichmann in Argentinien and

Tecumseh

Der Indianerhäuptling Tecumseh reist zu den Indianerstämmen an
der amerikanischen Ostküste und organisiert dort einen Küsten-
wachdienst, der allen europäischen Schiffen erfolgreich die Lan-
dung verwehrt. Bedauerlicherweise vergißt er jedoch, auch an die
amerikanische Westküste zu denken, was fatale Folgen hat. Die von
Iwan dem Schrecklichen ausgesandten Truppen Rußlands erobern zunächst Alaska und rücken dann immer weiter vor, und zum Schluß
wird ganz Nordamerika russisches Territorium.

Mira

Ein spanischer Bergsteiger aus Altamira verirrt sich im
Himalaya und landet in einem entlegenen Seitental, das noch
in keiner Karte verzeichnet ist. Die Talbewohner sind Anhänger
der altertümlichen Bönreligion und halten kleinwüchsige Pferde,
in denen der Spanier Artgenossen jener Pferde erkennt, die auf
den Höhlenmalereien seines spanischen Heimatortes zu sehen sind.

Die letzten Flußdelphine

Der letzte Delphin im indischen Fluß Ganges entschlüpft seinen
Häschern, schwimmt zum chinesischen Fluß Jangtsekiang und lernt
dort die letzte Flußdelphinin Chinas kennen und lieben. Zusammen
beratschlagen sie, was sie machen sollen. Eine Befragung des Orakels in Delphi wird erwogen, aber gleich wieder verworfen, weil
es erstens keine Orakelpriester mehr in Delphi gibt und weil man
zweitens auf dem Wasserwege nicht ganz bis Delphi kommt. Am Ende
kommen sie überein, bei den letzten Flußdelphinen im Amazonas
Zuflucht zu suchen, aber da sie um Kap Hoorn nicht herumkommen und
dann keine Lust mehr haben, es um das Kap der Guten Hoffnung noch
einmal zu versuchen, machen sie eine Lehre als Salzwasserdelphine
in Neuseeland und lassen sich in den dortigen Gewässern nieder.

Anastasia

Nach der Machtergreifung Kerenskis emigriert die russische Zarenfamilie nach England, wo die jüngste Tochter Anastasia Jahre später die Amerikanerin Wally Simpson aussticht und den englischen
Thronfolger heiratet. Wally Simpson versucht zwar, in der Boule-
vardpresse das Gerücht zu verbreiten, Anastasia sei in Wirklichkeit ein Wechselbalg namens Anna Anderson, doch läßt Anastasia
durch Dr. Frankenstein einen Gentest machen, der eindeutig be-
weist, daß sie eine Tochter des Zaren ist.

Die Huttener und die Hutterer

Ulrich von Hutten kuriert auf der Insel Ufenau im Zürichsee eine
Krankheit aus und beschließt dann, das marode Europa zu verlassen.
Er geht im Auftrag der Welser nach Südamerika und sucht nach dem
Goldland Eldorado, kommt aber schließlich zu der Erkenntnis, daß
dieses Eldorado nicht existiert und auch nie existiert hat. Auf
dem Rückweg nach Europa wird sein Schiff vom Sturm an die kanadi-
sche Labradorküste getrieben. Ulrich von Hutten wandert quer durch
die kanadischen Wälder bis nach Manitouba (oder so ähnlich), wo
er unter den dortigen Indianern die Sekte der Huttener begründet,
die heute manchmal mit der Sekte der Hutterer verwechselt wird.

Soweit die Füße tragen

Bertolt Brecht wird auf dem Weg nach Wladiwostok von Stalins
Geheimdienstleuten aus dem Zug geholt und in ein Lager des Ar-
chipel Gulag bei Leningrad gebracht. Als sich die deutschen Armeen Leningrad nähern, flieht Brecht aus dem Lager und versteckt
sich in den Pripjetsümpfen, wo er noch lange Zeit nach einem
dritten Weg zwischen Faschismus und Kommunismus sucht, ohne
jemals fündig zu werden.

Sevillana

Ein Reisender kommt aus einer Bank in Sevilla, wo er gerade Geld
gewechselt hat, und sieht ein wunderschönes Mädchen an sich vor-
beischreiten und um die nächste Ecke verschwinden. Als er sich ge-
faßt hat und ihr nachgeht, ist sie wie vom Erdboden verschluckt.
Der Mann geht an den nächsten dreißig Tagen jedes Mal um dieselbe
Stunde an dieselbe Stelle vor der Bank, aber das Mädchen tritt
nicht mehr in Erscheinung. Am einunddreißigsten Tag überfällt er
die Bank, wird geschnappt und zu fünf Jahren Gefängnis verurteilt.
Am ersten Tag im Gefängnis öffnet sich die Klappe an seiner Zel-
lentür, und eben jenes wunderschöne Mädchen schiebt ihm Wasser,
Brot und Suppe zur Zelle hinein. Klappe zu, kein Happy-End. Das
Mädchen hat für den Mann nicht mehr übrig als ein spöttisches Lächeln, und das fünf Jahre lang jeden Tag.

Die Altgläubigen

Im Jahre 1960 findet ein russisches Geologenteam in einem entlegenen Gebirgswald Nordostsibiriens eine Gruppe von Altgläubigen, die sich 50 Jahre zuvor wegen religiöser Differenzen von der
orthodoxen Kirche abgespalten hat und sich, um Verfolgungen zu
entgehen, in eine der hintersten Ecken Rußlands zurückgezogen
hat, wo sie ein halbes Jahrhundert lang ohne jeden Kontakt mit
der Außenwelt lebte. Als die Geologen den Altgläubigen vom ersten
Weltkrieg, von der Revolution, vom Ende des Zarentums, von der
Herrschaft der Kommunisten, vom zweiten Weltkrieg und vom Sputnik
erzählen, da glauben die Altgläubigen den Geologen kein Wort und
jagen sie entrüstet zur Siedlung hinaus.

Seriphos

Die Erbin eines Bauernhofes reist nach Griechenland, um dort
innerhalb von sechs Wochen einen Mann zu finden, der mit ihr zusammen ihren Bauernhof bewirtschaftet und eine Familie gründet.
Fast sechs Wochen lang findet sie nichts Passendes, da beschließt
sie, sich am letzten Ferientag dem ersten Mann an den Hals zu
werfen, dem sie am Strand der Insel Seriphos begegnet. Sie tut es,
und wenn sie nicht gestorben sind ...

Von Konradin zu Konrad

Der blutjunge und blutbedeckte Konradin kehrt geschlagen aus
Italien zurück, sammelt zehn Jahre lang ein neues Heer, zieht
über die Alpen, schlägt Karl von Anjou und läßt ihn in Neapel
hinrichten, befreit alle Staufer aus ihren Verliesen, baut in
allen italienischen Städten ein Castello Svevo und krönt sich
selbst in Rom zum Kaiser Konrad.

Der wachsame Kaiser

Der chinesische Kaiser Chien Li schleicht jede Nacht unter die
Fenster der Zimmer, wo seine Diener sich zur Ruhe begeben, und
hört mit, was sie über ihn und seine Wünsche, Befehle und Ent-
scheidungen denken und sprechen. An den Tagen darauf verblüfft
er sie mit seiner Kunst, ihre Gedanken zu lesen.

Die Befriedung des Subkontinents

Die Nachfahren Nehrus, der einstmals Goa und die übrigen portu-
giesischen Kolonialgebiete besetzen ließ, folgen seinem Beispiel,
erobern Sri Lanka und beenden den Bürgerkrieg zwischen Tamilen
und Singhalesen, lassen ihre Truppen in Bangla Desh einmarschie-
ren, besiegen Pakistan und vernichten alle dort befindlichen
Atomwaffen, und zum Schluß entwaffnen sie auch noch alle Taliban-
kämpfer und liefern Bin Laden an den Internationalen Gerichtshof
in Den Haag aus.

Die fünf Armeen

Napoleon führt 181o die allgemeine Wehrpflicht für alle Franzosen
ein und verteilt die Wehrpflichtigen auf fünf Armeen: die nordöst-
liche Armee mit Sitz in Rouen, die nordwestliche Armee mit Sitz
in Brest, die zentrale Armee mit Sitz im Versailler Schloß, die
südöstliche Armee mit Sitz in Lyon und die südwestliche Armee mit
Sitz in Toulouse. Danach erklärt er Frankreich für saturiert, verzichtet auf unsinnige Feldzüge in Richtung Rußland, hält Frieden
mit allen europäischen Nationen und holt, damit's ihm nicht zu
langweilig wird, Maria Walewska als Gesellschafterin nach Paris.

Yesterday

John Lennon gibt nach kurzer Zeit, weil ihm New York zu gefähr-
lich ist, seine Wohnung dort auf, zieht mit Yoko Ono nach Yoko-
hama, nimmt Turnunterricht bei Altmeister Ono, um sich fit zu
halten, adoptiert zehn Waisenkinder und fördert auf seine alten
Tage die Nachwuchsband 'Tokio Hotel'.

Zahnpasta asciutta

Ein ehemaliger Sportler gesteht, daß er dem Dieter Bohlen ...
nein ... dem Dieter Hoeneß ... nein ... na, ihr wißt schon ...
also jedenfalls diesem einen Dieter verbotene Substanzen in die
Zahnpasta gemischt hat, teils nur so als Spaß, teils aus Neid
auf seine Erfolge. Jetzt fällt's mir wieder ein: Baumann.

Ein Indianer in Bremen

Im 14. Jahrhundert wird ein völlig erschöpfter und bewußtloser
Indianer in seinem Kanu bei Bremen an Land getrieben. Ein Sturm
hat ihn weit von den Küsten Amerikas weggepustet, und der Golf-
strom hat ihn nach Europa geschaukelt. Die Bremer können sich
natürlich nicht mit dem Indianer verständigen, der eine ganz merk-
würdige Sprache spricht, aber sie päppeln ihn auf und stecken ihn
in europäische Klamotten, und als er wieder stehen und gehen kann,
wird er feierlich zur Kirche geführt und getauft. Dann lebt er
noch eine ganze Weile still und friedlich in Bremen. Von Zeit zu
Zeit versucht er mit einer Zeichensprache, seinen Bremer Gast-
gebern seinen Wunsch nach einer Rückkehr ins geliebte Amerika zu
verdeutlichen, aber Kolumbus ist ja erst ein Jahrhundert später,
und die Entdeckungen der Wikinger aus früheren Jahrhunderten haben
sich nicht bis nach Bremen herumgesprochen. So muß der arme Indianer in Bremen bleiben und sterben, und vier Jahrhunderte später
wirft man sein Kanu weg, das man bis dahin noch aufgehoben hatte.

Der aufrechte Affe

Vor rund zehn Millionen Jahren ist Italien eine große Insel im Mittelmeer. Eine Affenart, die es von Afrika nach Italien verschlagen hat, vermehrt sich mit affenartiger Geschwindigkeit, nimmt die ganze Insel in Besitz und bringt es sogar zum aufrechten Gang. Ganz bequem pflückt der aufrechte Affe vom Boden aus die Früchte von den Bäumen. Ein Affenparadies - ganz ohne Menschen. Das Ende des Affenparadieses kommt herbei, als die ganze Insel Italien im Laufe der Jahrmillionen durch die Bewegung der unterirdischen Kontinentalblöcke in Richtung Norden gedrückt und schließlich an Europa angeklinkt wird. Kaum ist dies geschehen, da eilen auch schon der Säbelzahntiger und andere Raubtiere herbei, die es vorher nicht auf dem insularen Italien gegeben hatte, und murksen in Windeseile alle aufrechten Affen ab. Nur Knochen bleiben von den aufrechten Affen übrig, die der Wissenschaft lange Rätsel aufgeben, bis sie endlich auf die Lösung kommt.

Das Saharameer

Unter der Sahara wird ein riesiges, unterirdisches Meer aus fossilem Süßwasser entdeckt. Mit gigantischen Maschinen versucht man, an dieses Meer heranzukommen und sein süßes, reines Wasser für die Menschheit zu erschließen. Da bricht die Erddecke Nordafrikas ein, und der ganze Sand der Sahara stürzt in das unterirdische Meer hinein.

Wie die Granitblöcke auf die Seychellen kamen

Jeder weiß, daß während der Eiszeiten das Eis von Norden her
vorrückte, halb Europa bedeckte und sich nach dem Abklingen der
Eiszeiten jeweils wieder in den hohen Norden zurückzog. Aber vor
rund fünfhundert Millionen Jahren gab es mal eine Supereiszeit,
bei der das Eis noch weiter vorrückte, sich bis zum Äquator vor-
schob und auf seinem Weg auch die schwersten Granitblöcke fort-
wälzte. Nahezu die ganze Erde war von Eis bedeckt, nur die höchsten Vulkane ragten oben heraus. Und die Vulkane retteten die irdi-
sche Natur: sie pusteten so lange ihren heißen Atem in den Himmel,
bis sich die Atmosphäre nach und nach erwärmte. Als dann auch die
Sonne wieder aktiver wurde, mußten die Eisberge schmelzen, und
zurück blieben die riesigen Granitblöcke mitten im Indischen Oze-
an.

Die Rettung der Eisbären

Die Klimakatastrophe schleicht weiter voran, das ganze Eis der
Arktis schmilzt dahin. Da tun sich die Amerikaner, die Russen,
die Isländer, die Norweger und noch ein paar andere Nationen zusammen, fangen die restlichen Eisbären ein und verfrachten sie
in die Antarktis. Und dann überlegen sie: wohin mit den Pinguinen?

Der neue Demetrius

Kaspar Hauser, soeben aus der Gefangenschaft entlassen, stürzt
sich lesehungrig auf die Werke Schillers. Dann reist er per Post-
kutsche nach Moskau, setzt sich an die Spitze des Dekabristen-
aufstands, den er zum Erfolg führt, und wird zum neuen Zaren
Demetrius ausgerufen. Während seiner langen Regierungszeit unterstützt er die Komponisten Mussorgsky und Tschaikowski sowie die
Schriftsteller Puschkin, Gogol, Turgenjew, Dostojewski, Tolstoi
und Tschechow mit ansehnlichen monatlichen Leibrenten, ernennt
Florence Nigthingale zur Generalgouverneuse der Krim und die
Gebrüder Uljanow zu gleichberechtigten Regenten der Provinz Geor-
gien, wo sie darauf achten sollen, daß alle Mitglieder der Familie
Dschugaschwili zufrieden gestellt werden und hochdotierte Posten
in verschiedenen Ministerien erhalten. Außerdem schickt er Expe-
ditionen in alle sibirischen Gebirgsgegenden, um dort zu erkunden,
ob es in entlegenen Hochtälern noch Mammuts und Yetis gibt. Zum
krönenden Abschluß seiner Herrscherzeit läßt er den Baumeister Ma-
ginot aus Frankreich kommen und erteilt ihm den Auftrag, die russische Westgrenze nach Art einer neuen, modernen, großen, chinesischen Mauer dauerhaft gegen alle deutschen Angriffe abzusi-
chern.

Henderson

Ein britischer Kapitän schnappt sich auf Mauritius zwei Dodos,
ein Männchen und ein Weibchen, nimmt sie mit auf sein Schiff und
setzt sie auf der unbewohnten Insel Henderson aus, wo sie sich
friedlich vermehren können. Nur ab und zu kommen von der Nachbarinsel Pitcairn die Nachkommen der Bountymeuterer und klauen ein
paar Eier.

Der Wüstenfuchs

Rommel läßt in Nordafrika alle Autos und alle Panzer stehen; es ist einfach zu schwierig, Benzinnachschub in ausreichenden Mengen zu bekommen. Weil er ahnt, daß alle Funksprüche abgehört und dechiffriert werden, ignoriert er alle Funkbefehle aus Deutschland. Er beschlagnahmt im weiten Umkreis alle Pferde, umgeht El Alamein, indem er mit seiner neuaufgestellten Reitertruppe in die Oase Siwa galoppiert, besichtigt die Ruinen des Orakels und trabt an der Spitze seiner Mannen quer durch die Wüste bis zum Roten Meer, wo er die Einfahrt zum Suezkanal blockiert.

Die Höhle zum Hochgebirgskessel

Ein vietnamesischer Jäger sieht im Bergland an der Grenze zu
Laos den Eingang zu einer Höhle, in die ein Bach hineinfließt.
Er folgt dem Bachlauf ein Kilometer lang durch die labyrinthische
Höhle, bis er in einem kleinen Gebirgskessel, der ringsum von
schroffen Felswänden umgeben ist, wieder ans Tageslicht kommt.
In dem Kesseltal lebt inmitten von Büschen und Bäumen eine Gruppe
von Hirschen, die furchtlos auf ihn zukommt und ihn anröhrt. Beeindruckt läßt er sein Gewehr stecken, dreht sich um und läuft
durch den Höhlenbach wieder nach Hause.

Der Tempel von Bassä

Ein Griechenlandreisender fährt mit dem Mietauto durchs blü-
hende Arkadien und wünscht sich, so viel Geld zu haben, daß
er sich hier ein kleines Häuschen kaufen kann. Dann vergißt
er wieder seinen Wunsch, fährt zum Tempel von Bassä und er-
steigt die nächste Bergspitze, um von dort aus den Tempel besser bewundern zu können. Zurück geht er nicht auf dem Bergpfad,
sondern quer durchs Gestrüpp. Da sieht er in einer Felsspalte
etwas Goldenes blinken und findet einen antiken Goldschatz, mit
dem er sich einen ganzen Tempel kaufen kann.

Mokele Mbembe

Nördlich vom Kongo liegt eine riesige Sumpflandschaft, die seit einhundert Millionen Jahren unverändert geblieben ist und durch die keine einzige Straße hindurchführt. Die Pygmäen, die am Rande der Sumpflandschaft leben und sie von Zeit zu Zeit jagend und sammelnd durchstreifen, berichten übereinstimmend, daß dort gelegentlich ein großes Tier, von ihnen Mokele Mbembe genannt, zu sehen ist. Sie beschreiben das Tier einem herangereisten Wissenschaftler: die Beschreibung entspricht exakt einer Saurierart, die nach Angabe der Saurierforscher vor fünfundsechzig Millionen Jahren ausgestorben ist. Der Wissenschaftler berichtet über Mokele Mbembe in einer kleinen Spezialzeitschrift, die auf der ganzen Welt von etwa achthundert Menschen gelesen wird, und dort liegt sein Bericht noch heute begraben.

Uomo di Lettere

Ein Italienreisender fährt in den Golf von Neapel, um dort ein neues Leben anzufangen und einen neuen Beruf zu finden. Er besucht Sorrent, Capri, Ischia, Procida, Mori, Pozzuoli, Ercolano, Pompei und viele andere Orte. Schließlich kommt er nach Lettere, und endlich weiß er, was er werden will: ein Uomo di Lettere.

Das Gleichnis

Ein griechischer Philosoph wird von einem sizilischen Tyrannen
ins Gefängnis geworfen. Dort beobachtet der Philosoph, wie seine Mitgefangenen, gefoltert und gequält werden: sie sind an eine
Mauer festgeschmiedet und müssen den Kopf unbeweglich halten,
hinter der Mauer stehen die Folterknechte und halten sie mit
allerlei Schattenspielen zum Narren. Ab und zu machen die Folterknechte sich einen Spaß daraus, einen Gefangenen für wenige
Minuten von seinen Ketten loszumachen; dann zwingen sie ihn, auf-
zustehen und seinen Kopf zu bewegen, und er wird mit Gewalt eine
steile Treppe hochgeschleppt, wo er unter Schmerzen ins grelle
Sonnenlicht blickt und einen Augenblick glaubt, er werde in die
Freiheit entlassen — bis er zum Schluß wieder hinuntergezerrt
und an seine Ketten angeschlossen wird. Einflußreiche Freunde
kaufen den Philosophen schließlich los, der so rasch wie möglich
nach Athen zurückkehrt, und daselbst schreibt er ein Gleichnis
über die Begrenztheit der menschlichen Wahrnehmung und der
menschlichen Erkenntnis.

Unter Geiern

Saint-Exupéry wird über Algerien abgeschossen. Er wird aus seinem
Flugzeug herausgeschleudert und verliert das Bewußtsein. Plötzlich
wird er wieder hellwach, weil ihm jemand aufs Bein klopft. Blitz-
artig reißt er die Augen auf und sieht vor sich einen Geier, der
mit seinem Schnabel auf Saint-Exupérys Oberschenkel herumhackt. Er
reißt die Augen noch weiter auf und erblickt hinter dem Geier einen zweiten Geier und hinter dem zweiten Geier noch drei weitere
Geier, die Schlange stehen. Hastig fingert er seinen Revolver hervor und knallt einen Geier nach dem anderen ab. Stunden später
wird er von dem kleinsten und jüngsten Soldaten seines Regiments,
der in der Truppe den Spitznamen 'Der kleine Prinz' trägt, gefunden und gerettet, und zum Dank schreibt Saint-Exupéry ein später
sehr erfolgreiches Buch mit dem Titel 'Der kleine Prinz'.

Die höhere Gerechtigkeit

Ein Politiker zieht vor Gericht, weil er 'nur' eine Pension in
Höhe von monatlich 72oo,- Euro bekommen soll, während er der
Meinung ist, daß ihm eine Pension in Höhe von monatlich 96oo,-
Euro zusteht. In allen unteren Instanzen kommt das jeweilige Gericht zu dem Ergebnis, daß die Pension in Höhe von monatlich
72oo,- Euro erstens rechtens und zweitens völlig ausreichend
ist.und daß er keinerlei Anspruch auf eine Pension in Höhe von
monatlich 96oo,- Euro hat. Der Politiker läßt nicht locker und
zieht nach jahrelangem Rechtsstreit vor die höchste Instanz. Diese höchste Instanz verurteilt ihn zu seiner großen Verwunderung
zum Bezug einer Pension in Höhe von monatlich 24oo,- Euro. Eine
Berufung ist nicht möglich.

Am Lido

Der zu Besuch in Italien weilende Philosoph Schopenhauer scharwenzelt am Lido di Venezia um eine italienische Schöne herum. In der Tat läßt sie sich seine Avancen ganz gern gefallen, und schon glaubt er, dem Ziel seiner Wünsche nahe zu sein. Doch da galoppiert Lord Byron auf einem edlen Roß an den beiden vorbei, die Schöne dreht sich wie elektrisiert herum und ruft verzückt: "Ecco il poeta inglese!" Schopenhauer kommt, als er dies sieht und hört, zu der Erkenntnis, daß er keine ernsthaften Chancen hat. Er trollt sich zurück in sein Hotel, wo er vor Wut das Empfehlungsschreiben zerreißt, das ihm Goethe für Lord Byron mitgegeben hat. Anderntags aber überwindet er sich: er macht großherzig und uneigennützig Lord Byron mit seiner schönen italienischen Verehrerin, der Contessa Francesca da Rimini, bekannt. Mit vereinten Kräften und Argumenten halten sie Lord Byron davon ab, sich in dumme Kriegsabenteuer zu stürzen und in Mussolini oder Missolunghi einen frühen Tod zu erleiden. Lord Byron wird Conte da Rimini, das glückliche Ehepaar lädt Schopenhauer jeden Sommer zum Badeurlaub in Rimini ein, Schopenhauer äußert sich begeistert über Rimini zu allen seinen deutschen Freunden, Bekannten und Lesern, und so wird Rimini im Laufe der Zeiten zum beliebtesten Badeort der deutschen Italienurlauber.

171

Nächtlich am Busento

Die afrikanische Wüstenhitze wandert infolge des Klimawandels
immer weiter nordwärts, und in ganz Italien herrscht jahrelange
Dürre. Sogar die Flüsse trocknen aus. Im ausgetrockneten Fluß-
bett des Busento kommt Alarichs Grab zum Vorschein. Aber das
Grab ist leer: der Fluß hat längst, solange er floß, alle In-
halte des Grabes hinweggeschwemmt. Große Enttäuschung in Cosenza
und Umgebung. Da kommt die kalabresische Mafia, die dort natürlich anders heißt, zu nächtlicher Stunde auf eine Idee ...

Die Millionen in Nigeria

Eine deutsche Frau bekommt Post von einem Rechtsanwalt aus der
nigerianischen Hauptstadt Lagos: ihr verstorbener Mann habe vor
zwanzig Jahren in ein nigerianisches Unternehmen investiert, daraus habe sich inzwischen ein Gewinn von drei Millionen Dollar
ergeben, sie möge doch bitte nach Lagos kommen, um alle Formali-
täten zu erledigen und um das Geld abzuholen. Die Frau kann sich
zwar nicht daran erinnern, daß ihr Mann jemals von Investitionen
in Nigeria gesprochen hat, aber sie schaut geblendet auf die Zahl
'3 Millionen' und fliegt nach Lagos, wo sie der Rechtsanwalt lie-
benswürdig willkommen heißt und ihr erklärt, sie müsse zuerst Ge-
bühren und Steuern in Höhe von dreißigtausend Dollar auf ein nigerianisches Konto überweisen, dann werde man die drei Millionen
auf ihr Konto in Deutschland überweisen. Die Deutsche fliegt nach
Hause, überweist die dreißigtausend Dollar und wartet, wartet,
wartet. Nach mehreren Monaten, in denen sie keinen einzigen Cent
aus Nigeria erhält, fliegt sie wieder nach Lagos. Und in Lagos
sitzt sie nun schon seit fünf Jahren, kämpft mit den korrupten
und langsamen Mühlen der nigerianischen Justiz und hofft, daß sie
– wenn schon nicht drei Millionen – zumindest ihre dreißigtausend Dollar wiederbekommt.

Ein Besuch in Paris

Ein Schweizer baut sich ein neues Haus und will sein altes Haus
verkaufen. Er stellt sein altes Haus ins Internet und bekommt eine E-Mail von einem Bankkaufmann aus Paris. Bald danach kommt der
Pariser Bankkaufmann zu Besuch in die Schweiz und beeindruckt den
Hausbesitzer mit seinen Finanzkünsten: er könne ihm für zehntau-
send Schweizer Franken über seine guten Verbindungen doppelt so
viele französische Francs eintauschen, wie man am normalen Bank-
schalter bekommt (vor Einführung des Euro natürlich). Der Schweizer geht auf das Tauschgeschäft ein, läßt aber vorsichtshalber,
nachdem ihm der Pariser Bankmann beim nächsten`Treffen die ver-
sprochenen Francs mitgebracht hat, diese Banknoten von seiner Hau
bank überprüfen: das Geld ist echt. Sie befreunden sich und schm
den gemeinsame Zukunftspläne. Der Bankkaufmann lädt den Schweizer
nach Paris zu einem Gratisurlaub in einem der besten Hotels ein
und will ihm dort für hunderttausend Schweizer Franken zu dem
gleichen günstigen Kurs wie bei ihrem ersten Tauschgeschäft französische Francs geben. Freudig erregt fährt der Schweizer nach
Paris, wo ihn sein neuer Freund abholt und ihn im Hotel einquar-
tiert. Zuerst wolle man schnell das Geschäftliche erledigen, sag
der Bankkaufmann, dann könne man sich den Freuden des Pariser Le
bens widmen. Der Schweizer überreicht die hunderttausend Schweizer Franken; der Bankkaufmann will nur eben mal telefonieren, ve
läßt das Hotelzimmer und wird nie wieder gesehen. Nachfragen bei
der Bank ergeben, daß der Mann dort nie gearbeitet hat. Eine Pri
vatadresse des vermeintlichen Bankkaufmanns ist nicht ausfindig
zu machen. Und sein Hotelzimmer muß der Schweizer auch noch selb
bezahlen.

Das Konzert in Bonn

Willy Brandt liest in der Zeitung, daß Artur Rubinstein geschworen hat, nie wieder auf deutschem Boden zu konzertieren, fliegt
nach New York und berichtet dem polnischen Pianisten über seine
Emigrationszeit und über seinen Kampf gegen die Nazis. Artur Rubinstein bricht beeindruckt seinen Schwur, spielt mit großem Erfolg in der Bonner Beethovenhalle und bekommt auf dem Konzert-
podium aus der Hand Willy Brandts einen der höchsten Orden
Deutschlands.

Eliette und Greta

Greta besucht in Abwesenheit Herberts dessen Ehefrau Eliette
und planscht mit ihr im Swimming-Pool. Dabei erzählt Greta,
daß sie lesbisch sei und in Hollywood die Ehefrauen aller
Regisseure verführt habe. Aber Eliette ist erstens unlesbisch
und zweitens treu, und so muß denn Greta unverrichteter Din-
ge wieder abreisen.

Die vier Enzensbergers

Ulrich Parvus Enzensberger veröffentlicht ein Buch in einer
Buchreihe, die von Hans Magnus Enzensberger herausgegeben wird.
Und Hans Magnus Enzensberger gibt in der gleichen Buchreihe ein
Buch heraus, das aus der Feder von Christian Medius Enzensberger
stammt. Und Hans Magnus Enzensberger publiziert in einer Wochenzeitung einen Artikel, auf den Martin Maximus Enzensberger in der
gleichen Wochenzeitung repliziert. Schließlich wird es Hans Magnus Enzensberger zuviel mit der Enzensbergerei, und er denkt sich
der Abwechslung halber das Pseudonym Andreas Thalmayr aus.

K.S. zwischen A. und Z.

Die Schriftstellerin K.S. liebt den Schriftsteller A. und verspürt
den unbezähmbaren Drang, über ihre Liebe zu diesem Schriftsteller
zu schreiben und den Text dann auch noch zu publizieren. Da sie
aber den Schriftsteller A. schützen möchte, kommt sie auf die in-
geniöse Idee, den Schriftsteller A. in ihrem Buch als Schriftsteller Z. zu bezeichnen. Nun gibt es in Deutschland gar nicht so viele Schriftsteller mit dem Anfangsbuchstaben Z, weshalb halb Deutsc
land den Schriftsteller Gerhard Zwerenz verdächtigt, der Liebhaber
von K.S. zu sein. Und so muß sich denn Gerhard Zwerenz hinsetzen
und einen Text verfassen, in dem er glaubhaft versichert, nie mit
K.S. intim gewesen zu sein. Dabei hätte K.S. ihren Geliebten doch
ganz einfach als Schriftsteller X. andichten können!

T.S. und seine Edition Sual

Ein gewisser T.S. hebt die Edition Sual aus der Taufe, eine
Buchreihe, die von Suhrkamp herausgegeben und beim Discounter
Aldi vertrieben wird. Ein verheißungsvoller Prospekt wird auf
der Buchmesse verteilt und verspricht: "Beim abendlichen Ver-
lagsbüffet werden verschiedene Autoren vorliegen". Von Walter
Benjamin wird ein Buch mit dem Titel 'Marzipanfiguren auf dem
Kurfürstendamm' angekündigt, und von einem projektierten Buch
mit Texten Adornos heißt es, daß "in ihnen das 'Ich hab' mein'
Sach' auf nichts gestellt' der letzten Streichquartette Beet-
hovens nachzittert". Dann aber nimmt sich T.S. vor, am Ende
doch lieber Chefredakteur einer großen Tageszeitung zu werden,
und läßt seine schöne, juxige Edition Sual in der Schubalde,
will sagen: in der Schublade.

Vita activa

Eine junge Studentin namens Hannah macht sich an den vielver-
sprechenden Nachwuchswissenschaftler Theodor heran, der sie jedoch als "ehrgeizige Betriebsnudel" einstuft und abblitzen
läßt. Aus Rache angelt sie sich Theodors Erzfeind Martin, den
sie sich hörig macht, und verbreitet ihr Leben lang über Theodor,
er sei "einer der widerlichsten Menschen", die ihr jemals begegnet seien.

Warum der Muriverlag kein Konto mehr bei der Post hat

Ein junger Mensch geht in das Postamt seines Heimatdorfes und er-
öffnet für sich und seinen 'Muriverlag' ein Konto bei der Post.
Nach drei Wochen bekommt er den ersten Kontobrief von der Postzentrale aus einer fernen Großstadt, doch auf dem Briefumschlag steht
nicht 'Muriverlag', sondern 'Musikverlag'. Der junge Mensch
schreibt einen höflichen Brief an die Postzentrale und weist deut-
lich darauf hin, daß es sich hier nicht um einen 'Musikverlag'
handele, sondern um den 'Muriverlag', der nach dem Schweizer Ort
Muri bei Bern benannt sei. Auf dem nächsten Brief von der Postzentrale steht wieder 'Musikverlag'. Noch drei weitere Aufklärungs-
briefe sind nötig, bis endlich das richtige Wort 'Muriverlag' auf
den Briefumschlägen steht. Der junge Mensch atmet auf, doch ist
seine Freude verfrüht, denn das unzutreffende Wort 'Musikverlag'
war an verschiedenen Stellen bei der Postzentrale gespeichert, und
nur bei der Stelle, die für die Adressierung der Briefumschläge
zuständig ist, hat man es gelöscht. Nach einer gewissen Zeit teilt
ein Freund dem jungen Menschen mit, er habe auf das Konto des 'Muriverlags' einen Betrag überwiesen, doch habe die Post das Geld
zurückgehen lassen, weil das Konto nicht auf 'Muriverlag', sondern
auf 'Musikverlag' ausgestellt sei. Aufgebracht schickt der junge
Mensch einen Einschreibebrief an die Postzentrale und erhält schon
nach wenigen Tagen die Nachricht, man habe nunmehr an seinem Konto
einen sogenannten 'Rotvermerk' angebracht. Das Wort 'Rotvermerk'
klingt recht imposant, aber nach ein paar Wochen schreibt wieder
ein Bekannter, daß die Post eine Überweisung zurückgeschickt habe,
weil der Kontoeintrag 'Musikverlag' und nicht 'Muriverlag' laute.
Der junge Mensch kündigt nun brieflich das Konto des 'Muriverlags'
- und erhält die Antwort: er könne das Konto des 'Muriverlags'
gar nicht kündigen, weil er nur ein Konto mit dem Namen 'Musikverlag' habe. Schließlich kommt der junge Mensch auf die rettende
Idee: er räumt sein Konto leer und macht es damit tot, und so hat
denn der Muriverlag zwar de iure immer noch ein Konto bei der
Post, aber de facto doch kein Konto mehr bei der Post.

Die zwei Bahncards

Ein etwas in die Jahre gekommener Mann schreibt Monate vor seinem
6o. Geburtstag einen Brief an die Bahncard-Zentrale und weist darauf hin, daß er in ein paar Monaten 6o Jahre alt werde und deshalb für die nächste Bahncard nur die Hälfte zu zahlen brauche. An
seinem 6o. Geburtstag erhält er per Post seine neue Bahncard -
aber zum alten Preis (obwohl man bekanntlich ab 6o nur noch die
Hälfte für die Bahncard zu bezahlen braucht). Der nunmehr Sechzigjährige schreibt einen Brief und bittet um die Übersendung einer
neuen Rechnung zum halben Preis. Als Antwort kommt eine Mahnung.
Der sechzig Jahre alte Mann schickt einen weiteren Brief los und
legt eine Fotokopie seines Personalausweises bei, aus der hervor-
geht, daß er tatsächlich 6o Jahre alt geworden ist. Nach zwei Wochen bekommt er Post von der Bahncard-Zentrale: in dem Umschlag
liegt eine zweite Bahncard, diesmal zum richtigen, nämlich zum
halben Preis; die erste Bahncard zum falschen (nämlich doppelten)
Preis könne nicht zurückgenommen werden, weil Bahncards grund-
sätzlich von Umtausch und Erstattung ausgeschlossen seien. Da erkennt der Sechzigjährige, daß hier böswillige, verstockte Büro-
kraten am Werk sind, die nichts besseres zu tun haben, als ihre
Mitmenschen zu ärgern und zu schikanieren und um ihr gutes Recht
zu prellen, und weil er im gleichen Zeitraum von einer Krankheit
überfallen wird, beschließt er, allen weiteren Auseinandersetzun-
gen aus dem Wege zu gehen und alle seine Kräfte auf seine Genesun
zu konzentrieren. Er überweist das Geld für beide Rechnungen und
besitzt nun zwei Bahncards, und allen Besuchern, die diese un-
glaubliche Geschichte nicht glauben wollen, weist er seine zwei
Bahncards vor.

Der gordische Knoten

Alexander steht vor dem gordischen Knoten und überlegt, wie er zu lösen sei. Er konsultiert seinen technischen Berater Aristobulos, und der gibt ihm den Tip, an einer bestimmten Stelle zwei Fäden auseinanderzuzuppeln. Der König tut das, und schon ist der Knoten gelöst. Frohlockend wendet sich Alexander, um seinem Heer folgendes zu verkünden: nach alten Prophezeiungen werde der, der den gordischen Knoten löst, alsbald zum Herrscher über Asien, und er, Alexander, habe soeben diesen Knoten gelöst. Da treten ihm seine rhetorischen Berater in den Weg und geben ihm zu bedenken, daß diese kleine Fädenzuppelei für die Öffentlichkeit im allgemeinen und für das Soldatenheer im besonderen nicht eindrucksvoll genug sei. Nun gut, erwidert Alexander, ich verziehe mich in mein Zelt und halte ein Nachmittagsschläfchen, und ihr knobelt derweil eine imponierende Propagandaversion für das Volk aus. Und so geschieht es: die rhetorischen Berater verkünden der Menge, König Alexander habe den Knoten mit dem Schwert mitten auseinandergehauen. Nur Aristobulos schreibt später in seinen Erinnerungen die Wahrheit - aber wer liest schon Aristobulos?

Freuds Reich

Anna liebt innig ihren Vater Sigmund, der sie zärtlich 'mein kleiner, schwarzer Teufel' nennt. Da kommt ein blonder Siegfried daher, der aber nicht Siegfried, sondern Wilhelm heißt. Wilhelm wirbt um Anna, holt sich eine Abfuhr und widmet sich zur Ablenkung dem Studium der Zoologie. Mit tierischem Fleiß erforscht er das Liebesleben der Orcas im Atlantik und Pazifik. Seine Habilitationsschrift 'Die Funktion des Orcasmus' wird infolge eines Druckfehlers unter dem Titel 'Die Funktion des Orgasmus' veröffentlicht. Später erigiert Wilhelm in die Vereinigten Staaten von Amerika, wo er sich dem Studium des Orgons ergibt, doch gelingt es ihm nicht mehr, seine diesbezüglichen Forschungen organisiert zu kriegen.

Lemboski

Einer der wenigen Lemberger Juden, die die Schreckens- und Ver-
nichtungsherrschaft der Nazis in Lemberg überlebt haben, berichtet über das multinationale, multikulturelle und friedliche Leben in der Stadt Lemberg während der Jahre vor dem zweiten Weltkrieg.

Der Krieg aus Versehen

Ein russischer Computer spielt verrückt und signalisiert fälsch-
licherweise den Anflug amerikanischer Raketen auf Rußland. Der
Kontrollmann am Computer versucht vergeblich, den russischen
Präsidenten zu erreichen; der ist im Badeurlaub auf der Krim und
hat sein Handy ausgeschaltet. Erreichbar ist nur der russische
Verteidigungsminister, und der gibt nach kurzem Zögern den Befehl, ein paar Gegenraketen zu starten ...

Der Arzt in Procida

Die Insel Capri ist berühmt für die blaue Grotte, für die Villa des Tiberius, für die Villa San Michele und für viele andere Schönheiten. Die Insel Ischia ist berühmt für ihre Thermalquellen, für ihre Strände und für manche andere Schönheiten. Die kleine Nachbarinsel Procida ist nur berühmt für ihre schönen Frauen.

Ein englischer Arzt kommt im Urlaub nach Procida, verliebt sich in die schöne Tochter eines armen Landarbeiters und will sie heiraten. Die Familie des Mädchens ist einverstanden, macht aber zur Bedingung, daß der Arzt ein Hotel im Hauptort der Insel kauft und damit der ganzen Familie eine neue Existenzgrundlage verschafft.

Der englische Arzt kauft das Hotel, und eine prachtvolle Hochzeit wird gefeiert. Die Eltern und die Geschwister der Braut arbeiten in dem Hotel, der englische Arzt lebt zufrieden im Kreis seiner neuen Familie. Ein Jahr später ist der englische Arzt tot. Der italienische Inselarzt diagnostiziert Herzversagen. Zwar wird gemunkelt, daß sich die Mutter der Braut früher mit Giftmischerei abgegeben haben soll, doch finden sich keine Beweise.

Mary in Marokko

Ein Urlauberehepaar an der Algarve geht für eine Stunde ins
Restaurant und läßt seine kleine Tochter allein im Hotelzimmer.
Gangster verschaffen sich Zutritt zu dem Hotelzimmer, tragen das
schlafende Mädchen zum Fischerhafen und transportieren es sofort
mit dem Motorboot nach Agadir, wo es für viel Geld an ein kinder-
loses, marokkanisches Ehepaar verkauft wird. Zwanzig Jahre später
liest das Mädchen in einer Zeitung, die von Touristen zurückgelas-
sen wurde, von einem Ehepaar, das seit zwei Jahrzehnten nach seiner verschwundenen Tochter sucht, und erkennt an den abgebildeten
Fotos sich selbst und seine wahren Eltern.

Der Pieks in den Arm

Ein Patient kommt in die Praxis eines Arztes, um sich Blut für
ein sogenanntes "großes Blutbild" abnehmen zu lassen. Die medi-
zinisch-technische Angestellte piekst daneben, der Arm schwillt
an, und am nächsten Tag muß sich der Patient in der gleichen
Praxis behandeln lassen. Der Arzt entschuldigt sich für den
Fehler seiner Angestellten, was ihn keinen einzigen Cent kostet,
veranlaßt die nötigen Maßnahmen zur Behandlung des geschwollenen
Arms und hat die Unverfrorenheit, dem Patienten diese Behandlungs-
kosten in Rechnung zu stellen. Der Patient sieht nicht ein, daß
er für die Wiedergutmachung eines Fehlers auch noch selbst bezahlen soll. Der darauf folgende Rechtsstreit dauert sechs Jahre.

Attila und Ildiko

Jeder kennt Attila, die Geißel Europas, der mit seinen hunnischen
Heerscharen vom Ural bis zum Rhein alles beherrschte und alles
niedermetzelte, der im Jahre 451, wie wir alle in der Schule lernen mußten, nur mühsam auf irgendwelchen launischen Feldern zu-
rückgeschlagen wurde und der im Jahre 452 bis vor Rom zog und dor
für den Schreckensruf 'Attila ante portas' sorgte. Aber wer kennt
Ildiko, die ein Jahr später, im Jahre 453, den großen Hunnenkönig
ganz allein zur Strecke brachte? Niemand kennt Ildiko, und deshal
sollte dringend ein Roman über sie geschrieben werden.

Heine aus Göttingen

Heinrich Heine wandert nach Weimar, um sich dem Dichterfürsten
Goethe vorzustellen. Goethe ist zuerst skeptisch, als er den
staubigen und verdreckten Studenten, der nach einem längeren
Fußmarsch bei ihm ankommt, zu sehen bekommt, und er will ihn als
einen der vielen lästigen Besucher, die ihn regelmäßig heimsuchen,
kurzerhand abwimmeln, aber da macht Heine den Mund auf und rezi-
tiert auswendig zehn Goethegedichte hintereinander. Da erkennt
Goethe den Poeten. Er verschafft ihm eine Bleibe und einen Posten
am Weimarer Hof, zusammen schreiben sie Goethes 'Faust' fertig,
und als Dank vermittelt Goethe seinem jungen Mitarbeiter und
Nachfolger eine Heirat mit Ulrike von Levetzow.

Die Riesenfaultiere

Eine wissenschaftliche Expedition wird in die Region zwischen de
Anden und dem Tieflanddschungel geschickt. Sie soll erkunden, ob
es dort noch Riesenfaultiere gibt. Zwei Jahre hört man nichts vo
der Expedition, dann wird eine zweite Expedition losgeschickt,
die das Schicksal der Verschollenen klären soll. Die zweite Expe
dition findet nach monatelanger Suche heraus, daß die Teilnehmer
der ersten Expedition bei einem bisher unbekannten Indiostamm
hängengeblieben sind und jeden Tag von morgens bis abends mit
Schlafen, Früchtesammeln, Fischen, Kochen, Essen, Ausruhen und
Lieben zubringen.

Mühsam nährt sich das Eichhörnchen

Der Schriftsteller Erich Mühsam veröffentlicht in einer Zeitschrift einen Artikel mit der Überschrift 'Wo ist der Ziegelbrenner?'. Zwei Monate später erhält er eine Büchersendung aus
Mexiko mit dem Buch 'Der Schatz der Sierra Madre', übersandt
von B.Traven, dem Autor dieses Buches. Erich Mühsam studiert
aufmerksam Satz für Satz das ganze Buch und kommt durch Stil-
vergleiche zu der Schlußfolgerung, daß der Autor Traven iden-
tisch ist mit dem von ihm gesuchten Autor der Zeitschrift 'Ziegelbrenner'. Mühsam kratzt Mühsam das Geld für eine Reise nach
Mexiko zusammen und fährt zu der angegebenen Adresse, wo er
seinen Freund 'Ziegelbrenner' trifft und wiedererkennt. Zusammen lassen sie sich in Acapulco nieder und erbauen dort mit
selbstgebrannten Ziegeln ein Altersheim für müde und friedlich
gewordene Anarchisten, das sie gemeinschaftlich und freundschaft-
lich vier Jahrzehnte lang leiten und wo sie großmütig auch den
alten Trotzki aufnehmen und allen von Stalin ausgeschickten Mör-
dern erfolgreich den Zutritt verwehren.

Die Fahrten nach Neustadt

Deutschland, kurz nach dem Ende des zweiten Weltkriegs. Ein deutscher Wissenschaftler erhält von der amerikanischen Besatzungsmacht nur die Erlaubnis, zu einer einzigen Stadt seiner Wahl mit seinem Wagen zu fahren. Der Mann wählt daraufhin die Stadt Neustadt, weil er weiß, daß es im deutschsprachigen Mitteleuropa über zwanzig Städte mit dem Namen Neustadt gibt. Immer dann, wenn er angehalten und kontrolliert wird, zieht er seine 'Fahrterlaubnis nach Neustadt' hervor und zeigt seinen jeweiligen Kontrolleuren das jeweilige Neustadt, das ungefähr auf seiner Fahrtroute liegt.

La Maya Desnuda

Ein Börsenspekulant kauft gemalte Frauenporträts mit dem Ziel,
sie weiterzuverkaufen. Den Besuchern, die seine Sammlung besichtigen und sich darüber wundern, daß sich unter seinen Bil-
dern kein einziges Porträt einer nackten Frau befindet, erklärt
er seine Investitionsstrategie: nackte Frauenporträts sind
schwerer zu verkaufen, weil die Ehefrauen und sonstigen Partne-
rinnen potentieller Käufer beim Bilderkauf mitentscheiden und
keine Rivalinnen in ihren Häusern dulden, auch nicht an der
Wand. Das hört ein Kunststudent. Der Student verschafft sich
Zutritt zu dieser Kunstsammlung und malt unbemerkt auf jedes
Bild eine kleine, nackte Maya.

Die letzte Ausgabe der 'Fackel'

Karl Kraus veröffentlicht 1933 als letzte Ausgabe der 'Fackel'
seine 'Dritte Walpurgisnacht', geht dann ins Exil nach Schloß
Janowitz in der Tschechoslowakei und emigriert wenig später
mit seiner Geliebten Sidi nach Rio de Janeiro, wo er seine von
Sidi überarbeitete Gesamtübersetzung der Shakespearesonette erscheinen läßt und den Nobelpreis für Literatur zugesprochen
bekommt.

Die Pflicht ruft

Turnvater Jahn gründet eine strenge Internatsschule und stellt
als Leiterin eine gewisse Eleonore Pflicht ein, die mit ihrer
kreischenden Stimme alle Mauern durchdringt. Jeden Morgen um
sechs Uhr stößt sie einen durchdringenden Schrei aus, mit dem
sie alle Schüler zum Frühsport in der Turnhalle weckt. "Die
Pflicht ruft", stöhnen jedes Mal die geplagten Schüler und
springen aus ihren Betten. Später verbreitet sich dieser Satz
in ganz Deutschland und wird sogar von Herrn Büchermann in sein
Lexikon der deutschen Redensarten aufgenommen.

Die Nachwuchsschauspielerinnen

Ein Wiener Theaterdirektor fährt jeden Sommer in Badeorte und
Kurorte (jedes Jahr in einen anderen) und gibt dort jeweils Zei-
tungsannoncen auf, in denen er Nachwuchsschauspielerinnen für
sein Theater sucht. Es melden sich auch jedes Mal Mädchen, die
sich in Begleitung ihrer Mütter bei ihm vorstellen. Die zunächst
etwas argwöhnischen Mütter überprüfen regelmäßig, ob der Mann
auch wirklich Theaterdirektor ist. Nachdem sie sich von der Wahrheit seiner Angaben überzeugt haben, lassen sie ihre Töchter mit
dem Herrn Direktor nach Wien reisen, wo die Mädchen in seiner
Villa logieren und bis zum nächsten Sommer seine Geliebten werden, ohne ein einziges Mal eine Theaterrolle zu erhalten. Eines
Sommers jedoch ...

Die Augen des Krokodils

Ein Afrikaner durchwatet an einer seichten Stelle einen Fluß. Ein
dort liegender Holzstamm erweist sich plötzlich als Krokodil, das
sich in seinem Bein verbeißt. Der Mann erinnert sich an das, was
ihm seine älteren Verwandten immer gesagt haben: drück dem Krokodil die Augen aus, das ist deine einzige Chance in einem solchen
Fall. Er drückt dem Krokodil beide Augen aus, das Tier läßt los,
und der Mann rettet sich ans Ufer.

Die Trillerpfeife

Ein kanadischer Fallensteller verfängt sich in seiner eigenen
Falle. Sein Handy und sein Revolver liegen unerreichbar in seinem Auto. In seiner Jacke findet sich als einzige 'Waffe' eine
Trillerpfeife. Mit dieser Trillerpfeife hält er sich die Kojoten vom Leibe, die sich bald nähern: die Kojoten können nicht
beurteilen, was es mit der Trillerpfeife auf sich hat, und fahren jedes Mal erschreckt zurück, wenn der Mann mit der Trillerpfeife pfeift. Als er schon fast keine Puste mehr hat, findet
ein Suchtrupp den Mann und verscheucht die Kojoten.

Das Zeugungszimmer

Ein Tennisstar speist mit einer dunkelhäutigen Schönheit in einem Hotelrestaurant und wird von einer plötzlichen Triebregung übermannt. Auf die Schnelle finden die beiden im Hotel nur einen Abstellraum, wo in fünf Minuten ein Kind gezeugt wird. Als das Kind auf der Welt ist, verkauft die Mutter die Details der Liebesaktion an die Presse ("Er zitterte am ganzen Körper"), und die Journalisten eilen herbei, um das Zeugungszimmer zu fotografieren. Die Fotos locken zahlreiche Touristen an, die das Zeugungszimmer besichtigen wollen. Schließlich kommt die Hoteldirektion auf die Idee, den sensationsträchtigen Abstellraum für viel Geld an Flitterwöchner zu vermieten, und schon bald ist das Zeugungszimmer das teuerste Hotelzimmer der ganzen Stadt, teurer als jede Fürstensuite, und ist ständig für zwei Jahre im voraus ausgebucht.

Die Konzertkritikerin

Eine Journalistin bekommt den Auftrag, über ein Konzert zu berichten, das an einem Mittwochabend um acht Uhr beginnen soll. Da aber die Journalistin an diesem Mittwoch für mehrere Tage zu einem privaten Treffen aufs Land reisen will, kommt sie auf die Idee, sich das Programmheft des angekündigten Konzerts zu besorgen und anhand des Programmhefts im voraus einen enthusiastischen Konzertbericht zu verfassen, an dem dann, wie sie hofft, niemand etwas auszusetzen hat, weil sie ja nur lobende Worte und kein einziges kritisches Wort findet. Sie schickt ihren hymnischen Text per Postbrief an die Zeitungsredaktion und verschwindet zu ihrem privaten Treffen für mehrere Tage aufs Land. Ihr vorausverfaßter Konzertbericht erscheint groß aufgemacht in der Zeitung. Das Pech der Journalistin und ihrer Zeitung: eine halbe Stunde vor Konzertbeginn erleidet der Dirigent des Orchesters einen Krankheitsanfall, das ganze Konzert wird kurzfristig abgesagt, und weder die Konzertkritikerin noch die Zeitung erfahren rechtzeitig davon. Sofort nach Erscheinen der Konzertkritik hagelt es Anrufe bei der Zeitung, die von zahlreichen Musikfreunden und Zeugen darüber informiert wird, daß das Konzert gar nicht stattgefunden hat. Die vom Land zurückkehrende Journalistin wird fristlos entlassen und beschließt, Schriftstellerin zu werden, weil sie gehört hat, daß man als Schriftstellerin Geschichten erfinden darf.

Der Manuskriptkoffer

Ein junger ungarischer Philosoph lebt vor dem ersten Weltkrieg
eine Weile in Heidelberg. Bald nach Ausbruch des ersten Weltkriegs kehrt er zurück in seine ungarische Heimat, deponiert aber
vor seiner Abreise einen Manuskriptkoffer im Kellerraum einer
Heidelberger Bank. Nach dem Krieg, sagt er den Bankleuten, werde
er den Koffer wieder abholen. Der Philosoph taucht tief ein in
die Wirren des ersten Weltkriegs und der revolutionären Auseinan-
dersetzungen nach dem Ende des ersten Weltkriegs, rettet sich mit
knapper Mühe und Not nach Wien, läuft monatelang mit einem Revolver im Mantel herum, um sich vor Verfolgern zu schützen, schreibt
ein Buch nach dem anderen, emigriert in die Sowjetunion, übersteht
dort den zweiten Weltkrieg, kommt zurück nach Ungarn, nimmt teil
an einer neuen Revolution in Ungarn, wird deportiert, darf wieder
heimkehren und lebt fortan friedlich bis an sein Lebensende in Bu-
dapest. Seinen Koffer in Heidelberg hat er längst vergessen. Im
Alter wird er berühmt, eine Biographie über ihn erscheint nach
seinem Tod in Deutschland und steht im Schaufenster einer Heidelberger Buchhandlung. Da kommt ein Mann des Wegs, der in einer Heidelberger Bank arbeitet, sieht das Buch über den Philosophen und
erinnert sich daran, daß ein Mann gleichen Namens vor sechzig Jahren einen Manuskriptkoffer im Keller seiner Bank deponiert hat.
Der Manuskriptkoffer wird erwartungsvoll geöffnet, und in ihm finden sich parfümierte Liebesbriefe, die auch nach sechzig Jahren
immer noch einen gewissen Duft ausströmen.

Die falsche Braut

In einem Bergwerk in Falun wird die Leiche eines jungen Mannes
gefunden, der jahrzehntelang im Berg gelegen hat und durch mine-
ralische Substanzen in jugendlichem Zustand konserviert wurde.
Eine ältere Frau sieht die Leiche und äußert, dies könne nur ein
Mann sein, den sie als Kind flüchtig gekannt habe und der vor
rund fünfzig Jahren als Bergmann in das Bergwerk eingefahren und
nicht wiedergekommen sei. Diese Äußerung spricht sich in der ganzen Stadt herum und kommt zu Ohren eines Journalisten, dem die
Sache noch nicht sensationell genug ist und der noch etwas Pep
in die Angelegenheit hineinbringen will. Und so läßt denn der
Journalist die Meldung drucken, eine alte Frau habe nach fünfzig
Jahren ihren alten Bräutigam als Leiche wiedergefunden und ihn
bitterlich beweint. Zeitungen im ganzen Land und schließlich in
der ganzen Welt drucken die rührselige Geschichte nach. In Deutsc
land liest Johann Peter Hebel in der Zeitung davon und macht dar
eine kurze Erzählung, die er in sein rheinisches Schatzkästlein
aufnimmt. Und diese Version von Hebel liest viele Jahre später
der Philosoph Ernst Bloch und äußert dazu, dies sei die schönste
Geschichte der Welt. Kommentar: "Zu schön, um wahr zu sein".

Der bekehrte Bekehrer

Ein klinkenputzender Adventist klingelt an der Wohnungstür eines
Ehepaares, um die beiden Eheleute zum wahren Christentum zu be-
kehren und sie in das Studium der Bibel einzuführen. Der arme Kerl
weiß nicht, daß der Wohnungsmieter und seine Frau gelernte und
gelehrte Baptisten sind, die alle Verse der Bibel auswendig im
Kopf haben. Die Baptisten machen sich einen Spaß aus der Sache und
bitten den Adventisten aufs Sofa, wo er zunächst seine Sprüchlein
aufsagen darf. Dann holen sie zum Gegenschlag aus und rezitieren
auswendig einhundert Bibelstellen, die zu dem, was der Adventist
behauptet, völlig konträr stehen. Der verwirrte Adventist versucht es noch mit ein paar Verteidigungs- und Rückzugsgefechten,
doch der vereinigten Wortgewalt des Ehepaares ist er nicht gewachsen. Geschlagen steht er auf, verabschiedet sich - und
wird Staubsaugervertreter.

Death Valley

Ein sächsisches Paar ist zum ersten Mal in Amerika und will unbedingt auch das Death Valley sehen. Es mietet ein Auto und fährt frohgemut im Death Valley umher. Als das Auto eine Panne hat, stehen bleibt und nicht mehr in Bewegung zu bringen ist, macht das Paar den tödlichen Fehler, zu Fuß loszumarschieren, um Hilfe zu holen. Im Death Valley muß man in solchen Fällen im Auto bleiben und auf Hilfe warten, denn das Auto bietet den einzigen Schutz gegen Hitzschläge, Geier, Schlangen, Kojoten und andere gefährliche Tiere.

Der vermeintliche Millionär

Ein Mann will auf sein Konto bei der Dorffiliale einer Bank
eine Million Lire einzahlen, die er aus Italien mitgebracht
hat (das entsprach damals dem Gegenwert von etwa zweitausend
Mark oder etwa eintausend Euro). Außer ihm und dem Kassierer
ist nur noch eine Frau aus dem Dorf in dem Bankraum anwesend.
Der Kassierer hat anfangs nicht ganz verstanden, wieviele Lire
der Mann einzahlen will, und fragt: "Eintausend?" Da erhebt der
Mann die Stimme und sagt laut: "Eine Million will ich einzahlen!" Diesen letzten Satz hört die Frau, und schon am nächsten
Tag glaubt das ganze Dorf, der Mann sei Millionär.

Bruno, der Bär

Der Bär Bruno beißt sich durch bis in die Vogesen, wird von
Brigitte Bardot und Carla Bruni mit einem Spezialgeschoß be-
täubt und bekommt ein eigenes Gehege im Disneyland bei Paris,
wo seine einzige Pflicht darin besteht, für den Disneyfilm 'Das
Dschungelbuch, Zweiter Teil' zur musikalischen Untermalung ein
paar Brummtöne von sich zu geben.

Der Vierhundertfüßler

Ein Tausendfüßler will eines Tages ganz genau wissen, wieviele
Füße er tatsächlich hat. Er zählt Fuß für Fuß nach und kommt zu
dem Ergebnis, daß er nur vierhundert Füße besitzt. Schon kommt
er sich deklassiert vor, da fällt ihm ein Lehrbuch der Zoologie
in die Hände, dem er entnimmt, daß die sogenannten Tausendfüßler
gar nicht mehr als vierhundert Füße haben können. Und schon fühlt
er sich wieder als vollwertiger Vielfüßler und krabbelt auf seinen
vierhundert Füßen zufrieden zurück ins Unterholz.

Achilles und die Schildkröte

Wer war schneller, Achilles oder die Schildkröte? Eine alte
Streitfrage, die schon viele Gelehrte beschäftigte. Wie aber
löste Achilles selbst das Problem? Nichts einfacher als das:
er steckte die Schildkröte vor dem Start in seine Tasche (in
Griechenland gibt es auch kleine Landschildkröten, und schon
die antiken Heroen kannten Sporthosen mit Taschen), rannte los,
und nach soundsoviel Sekunden kamen Achilles und die Schildkröte genau gleichzeitig ins Ziel. Zwar wollte der Oberschieds-
richter Zeno auf der Stelle Achilles disqualifizieren, doch
wurde Zeno von den versammelten Sportlern zum Stadion hinaus-
gescheucht, gab eilig Fersengeld und ließ sich nie wieder in
Olympia blicken.

Die Tiger in Afrika

Bekanntlich gibt es von Natur aus gar keine wilden Tiger in Afrika. Doch eines Tages kommen Naturschützer auf die Idee, einige Tiger von Asien nach Afrika zu transportieren, um sie dort in Wildgehegen vor asiatischen Wilderern zu schützen. Eine ganz gute Idee – aber noch besser finden die Tiger die Idee, die Zäune ihrer Wildgehege zu zerstören und in die freie Wildbahn auszubüxen. Dort vermehren sie sich wie verrückt, und weil sie stärker sind als Löwen, beißen sie die Löwen tot, wo sie nur können. Die letzten Löwen Afrikas werden dann von Naturschützern eingesammelt und in Wildgehege in Asien verfrachtet.

Das Zimmer in Tel Aviv

Die Briefe eines deutschen Schriftstellers liegen in einem Zimmer
in Tel Aviv und sind bis zum Jahre 2o2o gesperrt. Als sie zugäng-
lich gemacht werden, kommt ans Tageslicht, wer der Autor der 'Jo-
sefine Mutzenbacher' ist.

Die Kommumonarchisten

Beeindruckt vom Beispiel Nordkoreas, wo auf den Staats- und Parteichef der Sohn folgte, und vom Beispiel Kubas, wo auf den
Staats- und Parteichef der Bruder folgte, beschließt die Nach-
folgeorganisation der Komintern, überall im Kommunismus die Mo-
narchie einzuführen, weil nur durch das monarchistische Prinzip
das Problem der Machtnachfolge ohne Kämpfe, Wirren und Bürgerkrie-
ge geregelt werden kann. Wie man hört, sucht die chinesische KP
schon verzweifelt im ganzen Land nach leiblichen Nachkommen und
Verwandten Maos.

Frederick Demuth

In einem australischen Wüstenkaff werden die Nachlaßmanuskripte
von Frederick Demuth gefunden, dem unehelichen Sohn von Karl Marx
und seiner Haushälterin Helene Demuth, der von seinem Vater ver-
leugnet wurde und nach Australien auswanderte. In seinem Haupt-
werk, das alsbald veröffentlicht wird, entwirft Frederick Demuth
das Modell einer regressiven Dialektik, mit dem er die Konzeption
seines Vaters korrigiert: gerade durch den Versuch, einen schlech-
ten und ungerechten Gesellschaftszustand zu analysieren, zu kri-
tisieren, zu ändern und zu verbessern, kann man alles noch viel
schlechter machen.

Der Zufall fährt Rad

Karl Valentin und Liesl Karlstadt spazieren über die Schwabinger
Straße und reden gerade vom Radfahren, da kommt ihnen ein Rad-
fahrer entgegen. Karl Valentin sagt, das sei ein 'Zufall', während Liesl Karlstadt sagt, das sei 'kein Zufall'. Abends führen
sie auf der Bühne dieses Streitgespräch fort. Zwei Studenten hö-
ren den Dialog und tragen ihn auswendig in einem Universitäts-
seminar vor, wo anschließend längere Zeit darüber debattiert
wird, ob es sich hier wirklich um einen 'Zufall' handelt. Schließlich beendet der Professor die Seminardiskussion mit der Bemer-
kung, daß hier kein Zufall 'im strengen Sinn' vorliegt. Es gibt
eben Narren, und dann gibt es auch noch Seminarren.

Der Coup mit der Kuh

Ein internationaler Philosophenkongreß tagte in Buenos Aires und
stritt sich endlos über die verschiedensten Probleme. Die eine
Philosophenfraktion behauptete, man könne den Sinneswahrnehmungen
mehr oder weniger trauen; die andere Philosophenfraktion hingegen
behauptete, man könne sich nicht auf die Sinneswahrnehmungen verlassen. Lange wogte der Argumentationsstreit hin und her, bis der
Hauptwortführer der ersten Fraktion den Fall zuspitzte und die
These aufstellte: "In diesem Saal befindet sich heute keine Kuh".
Um seiner These ein empirisches Fundament zu verschaffen, schritt
er alle Stuhlreihen in dem Saal ab und konnte nirgendwo eine Kuh
erblicken. Ein siegessicheres Lächeln breitete sich auf den Ge-
sichtern aller Mitglieder der ersten Philosophenfraktion aus. Doch
diese Fraktion hatte ihre Rechnung ohne die Spinner gemacht, die
es nun mal überall auf der Welt gibt. In Buenos Aires lebte nämlich der etwas spinnerte Lyriker Cabeza de Vaca, der ein Gedicht-
buch mit dem Titel 'Meine Kuh und ich' veröffentlicht hatte und
jeden Tag mit seiner Kuh spazierenging, die er an einem seidenen
Strick hinter sich her zog. Diesem Cabeza de Vaca kam es in den
Sinn, den Philosophenkongreß mit seiner Anwesenheit zu beehren,
und schon betrat er den Kongreßsaal, seine Kuh mit sich führend.
Weil nun keine ernsthafte Diskussion mehr zustande kam, vertagte
sich der Kongreß auf den nächsten Tag.

Das Hochzeitsnachtshotel

Ein Hotel in Taiwan bietet zu einem ungewöhnlich niedrigen Preis
Zimmer für Paare an, die dort ihre Hochzeitsnacht verbringen wollen. Zahlreiche Paare machen Gebrauch von diesem verlockenden Angebot. Monate später findet einer der Hotelgäste per Zufall heraus, daß in diesen Zimmern versteckte Kameras angebracht waren,
die alle Hochzeitsnächte filmten, und daß Zusammenschnitte der
aktionsreichsten Szenen auf Videomärkten in Hongkong und Singapur
feilgeboten werden.

Der verrutschte Bleistift

Im Frühjahr 1945 beugen sich Vertreter der Sowjetunion und Amerikas über eine Generalkarte, um auf dieser Karte mit dem Bleistift die neue Grenze zwischen Polen und dem von russischen Truppen besetzten Teil Deutschlands festzulegen. Dabei verrutscht ihnen der Bleistift, und so kommt es, daß ein bestimmter Bauernhof der letzte Bauernhof ist, der noch zu Polen geschlagen wird. Ein paar hundert Meter westlich beginnt die neue Grenze zwischen Polen und Sowjetdeutschland. Nur eine kleine, andere Bewegung des Bleistifts - und so mancher Mensch wäre womöglich auf einem Bauernhof in der DDR aufgewachsen.

Der Esel von Pelekas

Ein Urlauber schiebt sein gemietetes Fahrrad die steile Serpen-
tinenstraße hinauf, die vom Glyfadastrand zum hochgelegenen Ort
Pelekas führt. Plötzlich läßt er vor Schreck sein Fahrrad fallen,
weil er den Todesschrei eines Menschen hört. Er nimmt sein Fahrrad wieder auf und biegt um die nächste Straßenecke - da sieht
er vor sich einen Esel, der das Maul aufmacht und gleich wieder
einen solchen 'Todesschrei' von sich gibt. Der Urlauber merkt:
der wahre Esel ist er selbst, weil er nicht wußte, welche Schreie
ein griechisches Grautier ausstoßen kann.

Grautier mit vier Buchstaben

Zwei Freunde lösen zusammen ein Kreuzworträtsel und verfeinden sich bis auf den Tod, weil der eine bei dem Stichwort 'Grautier mit vier Buchstaben' das Wort 'Esel' einsetzen will, der andere aber 'Hase', weil er zu Hause einen grauen Hasen hat. Richtig wäre übrigens 'Gaul' gewesen, denn es gibt auch graue Gäule.

Der Philosoph als Tellerwäscher

Ein deutscher Philosoph emigriert während der Nazizeit nach Amerika und findet dort keine seiner Ausbildung entsprechende Anstellung. Um Geldgeber zu finden, behauptet er, daß er, um seinen Lebensunterhalt zu verdienen, in der Harvarduniversität als Tellerwäscher arbeite. Nach seiner Rückkehr aus der Emigration und nach seinem Tod in Deutschland entbrennt unter den Gelehrten ein heftiger Streit darüber, ob er nun tatsächlich in der Harvarduniversität Teller gewaschen oder nur eine falsche Behauptung in die Welt gesetzt hat, um Mitleid zu erregen. Von diesem Streit hört ein anderer deutscher Philosoph, der mit einer Italienerin verheiratet ist und von seiner Frau nur unter der Bedingung bekocht wird, daß er jedes Mal nach dem Essen die Teller wäscht; er bittet seine Frau, ihn beim Tellerwaschen zu fotografieren, und nimmt dieses Foto in seine Autobiographie auf.

Wie Charlie zu seinem Watschelgang kam

Der kleine Charlie kam eines Tages nach Hause und imitierte vor
den Augen seiner Mutter den komischen Gang eines älteren Nachbarn. Seine Mutter schimpfte ihn gehörig aus und verbot ihm für
alle Zeiten, sich über ältere Menschen lustig zu machen. Dann
aber verließ sie fluchtartig das Zimmer, eilte in ein anderes
Zimmer und machte die Tür hinter sich zu. Durch die Tür hörte
der kleine Charlie, daß seine Mutter auf ein Taschentuch biß,
um nicht laut loslachen zu müssen. Da erkannte Charlie Chaplin,
daß er zum Komiker geboren war.

Der Hexer

Edgar reist nach Südafrika und erlebt die Metzeleien des Buren-
kriegs mit. Angeekelt kehrt er nach England zurück und beschließt, auf dem Papier Massen von Blut zu vergießen, um auf
diese Weise die Schrecken des Krieges zu bewältigen. Jedes Jahr
schreibt er fünf komplette Kriminalromane, und weil niemand weiß,
wie man so etwas schaffen kann, bekommt er den Beinamen und Eh-
rennamen 'Der Hexer' verliehen.

Die Abfuhr

Der Künstler Gerhard Marcks begann mit expressionistischen Werken
und experimentierte dann mit anderen Stilrichtungen. Eines Tages
bekam er Post von einem Verehrer: er, Marcks, möge doch mal wieder was Expressionistisches machen, das sei doch der eigentliche
Marcks. Darauf erwiderte Marcks kurz und knapp: "Ich bin kein
Marcksist", und damit war das Thema erledigt.

Der Tapir

Jahrelang saß ein Tapir mürrisch in seinem Gehege im Zoo von
Eriwan. Aber eines Tages ereignete es sich, daß ein Schriftsteller, der aussah wie ein Tapir, den Zoo besuchte und an das Gehege des Tapirs herantrat. Da kam Leben in den Tapir: er schoß
durch den Teich seines Geheges, machte Luftsprünge und zeigte
alles, was er konnte. "Wir haben ihn noch nie so glücklich gesehen", sagte der Zoodirektor, der den Schriftsteller bei seinem
Rundgang durch den Zoo begleitete. Frage an Radio Eriwan: wie
hieß der Schriftsteller?

Das Lachen der Lachvögel

Ein europäischer Dirigent traf einen europäischen Pianisten in
der australischen Metropole Sydney. Nach einem Konzert saßen sie
vergnügt zusammen und plauderten über dies und jenes. Der Dirigent fragte den Pianisten, ob er schon die berühmten Lachvögel im
Zoo von Sydney gesehen und gehört habe. Als der Pianist vernein-
te, verabredeten sie einen gemeinsamen Besuch des Zoos für den
nächsten Tag. Am späten Nachmittag des folgenden Tages begleitete
der Pianist den Dirigenten erwartungsvoll zum Käfig der Lachvögel. Die Vögel saßen auf ihren Stangen, ohne sich zu rühren und
ohne zu lachen. Der Dirigent schnitt Grimassen, um die Vögel zum
Lachen zu bringen, aber die Vögel lachten nicht. Der Pianist turn-
te wie ein Affe vor dem Käfig auf und ab; auch das brachte die
Vögel nicht zum Lachen. Die beiden Musiker warfen Leckerbissen
in den Käfig, mit dem Ergebnis, daß die Vögel die Leckerbissen
schweigsam aufpickten und keinen einzigen Ton von sich gaben. Die
Zeit verstrich, und ein Lautsprecher ermahnte die Besucher, vor
Toresschluß den Zoo zu verlassen. Enttäuscht und traurig verlie-
ßen der Dirigent und der Pianist ihren Platz vor dem Käfig und
traten den Heimweg an. Als sie sich einhundert Meter entfernt hatten, drang ein schrilles Gekecker an ihre Ohren. Sie drehten sich
um: die Lachvögel lachten aus vollem Halse.

Die Witwe von Jean Cocteau

Ein deutscher Politiker, der auf einer Zwergschule Schüler gewesen war, schickte nach dem Tod Jean Cocteaus ein Beileidstele-
gramm an dessen Witwe, obwohl jeder gebildete Mensch wußte, daß
Jean Cocteau homosexuell war und mit Jean Marais liiert gewesen
war. Als der Politiker dann auch noch Reden auf Englisch hielt,
in denen Sätze vorkamen wie "Equal goes it loose" und "You are
heavy on wire", konnten auch seine besten Freunde ihn nicht län-
ger stützen, und er mußte in Pension gehen.

Die schöne Dorothee

Ein polnisches Arztehepaar verläßt Polen und zieht nach Frankfurt
am Main. Die zwei Kinder des Paares wachsen zweisprachig auf. Eines der beiden Kinder ist die schöne Dorothee, die schon in ganz
jungen Jahren eine deutsche Schule besucht und bald ein perfektes
akzentfreies Deutsch spricht. Wer sie sprechen hört, würde nie
erraten können, daß sie das Kind von Eltern einer außerdeutschen
Nationalität ist. Nur mit ihren Eltern spricht sie noch Polnisch,
alle ihre Freunde sind Deutsche. Eines Abends sitzt sie mit einigen ihrer deutschen Schulfreunde in einer Frankfurter Kneipe und
unterhält sich (auf Deutsch natürlich) mit ihren Kumpels über di-
verse Themen. Da setzen sich zwei polnische Studenten an den
Tisch, und weil sie glauben, Deutsche vor sich zu haben, reden si
ungeniert auf Polnisch über die schöne Dorothee, die mit unbe-
wegter Miene ihr Gespräch mit anhört: "Endlich sieht man mal ein
schönes Mädchen hier in Deutschland ... Sie hat eine tolle Figur,
nur der Busen könnte etwas voller sein ... So eine Traumfrau müß-
te man mal ins Bett bekommen". In diesem Stil reden sie immer wei
ter. Die schöne Dorothee hört und versteht das alles. Nach eini-
ger Zeit beschließen sie und ihre deutschen Schulfreunde, das Lo-
kal zu verlassen. Die schöne Dorothee steht auf, sagt auf Polnisc
zu den beiden Studenten: "Ich hoffe, die Herren haben sich ange-
nehm unterhalten" - und schreitet von dannen.

Baal

Ein Theologiestudent beabsichtigt, seine Doktorarbeit über den
Gott Baal zu schreiben. Dann aber lernt er die göttlich schöne
Karin Baal kennen und wechselt das Studienfach.

Der Sommer des Kabarettisten

Ein deutscher Kabarettist kauft sich auf einem See in Nordfinnlan
eine kleine Insel und baut sich dort eine Hütte, wo er jeweils im
Sommer die Texte seines neuen Kabarettprogramms für den folgenden
Herbst schreibt. In einem dieser Sommer kommt er gerade auf seine
Insel an, lädt sein Gepäck ab und geht zu seinem Lieblingsbadestrand, um sich im See zu erfrischen. Er zerteilt das Gebüsch –
da liegt eine Bärin mit ihrem Jungen auf dem Strand. Vorsichtig
zieht sich der Kabarettist zurück, weil mit Bären nicht zu spaßen
ist, geht in seine Hütte und setzt bis zum nächsten Morgen keinen
Fuß mehr vor die Tür. Am anderen Tag hat er seinen Entschluß ge-
faßt: er will seine Insel in friedlicher Koexistenz mit der kleinen Bärenfamilie teilen. Respektvoll verzichtet er auf das Baden
an seinem Lieblingsbadestrand und sucht sich einen neuen Bade-
platz. An manchen Tagen, wenn er auf seiner Insel unterwegs ist,
sieht er von weitem die Bärin und ihr Junges. Dann brummt er vor
sich hin: "Ach, da seid ihr ja schon wieder", schlägt einen Bogen
und trollt sich. So geht der ganze Sommer vorüber, das neue Kaba-
rettprogramm ist fertiggeschrieben, der Kabarettist reist ab und
überläßt die Insel den beiden Bären. Im Sommer darauf reist er
wieder nach Finnland und freut sich auf das Wiedersehen mit der
kleinen Bärenfamilie. Auf dem Weg zu seiner Insel trifft er die
Bewohner der Nachbarinsel, und die berichten ihm, daß ein Jäger
die Bärin und ihr Junges vor ein paar Monaten erschossen hat.

Theseus und Antitheseus

Ariadne gibt ihr bestes Garnknäuel dem Helden Theseus, damit er
aus dem Labyrinth herausfindet, und flüchtet mit ihm nach Paros,
wo sie sich mit dem umgarnten Helden häuslich niederlassen will.
Dem Helden Theseus, der noch zu den Amazonen ziehen will, fällt
ein, daß auf der Insel Antiparos sein stets hilfsbereiter Bruder
Antitheseus lebt. Er verkuppelt die beiden und flieht ein zweites
Mal, diesmal aus dem Labyrinth der Gefühle. Als Syntheseus, das
Kind der beiden, geboren wird, eilt er mit seiner Amazonengattin
namens Petersilie herbei und gratuliert.

Ras Putin

In Äthiopien lebte ein koptischer Mönch namens Putin, der im
ganzen Land berühmt wurde und den äthiopischen Ehrentitel Ras
erhielt. Dieser anwachsende Ruhm mißfiel dem äthiopischen Herrscher, einem deutschen Abenteurer namens Ernst Neger, der von
Deutsch-Ostafrika mit einem Heer nach Norden gezogen war, ganz
Äthiopien erobert und sich selbst zum Kaiser 'Heile Heile Selassi
gekrönt hatte. Ernst Neger verbannte den Ras Putin aus Äthiopien,
und dieser gelangte über das Rote Meer, den Suezkanal, das Mittel
meer, den Bosporus und das Schwarze Meer bis nach Rußland, wo er
sich bei Hofe einschmeichelte und bei der Zarenfamilie höchstes
Ansehen genoß. In seinem Reisepaß stand 'Ras Putin' verzeichnet,
aber das einfache Volk in Rußland kannte die äthiopischen Ehrentitel nicht, und so wurde der Kopte unter dem zusammengezogenen
Namen 'Rasputin' allgemein bekannt und verehrt. Wie schon in Äth:
opien erregte der wachsende Ruhm und Einfluß Neid und Mißgunst,
und ein russischer Großfürst ermordete tückisch den Ras Putin. Z
vor aber hatte Ras Putin mit einer ihm hörigen Zarentochter eine
Sohn gezeugt, der auch seinen äthiopischen Ehrentitel erbte. Nac
der Revolution wurden freilich die äthiopischen Ehrentitel in Ru
land nicht mehr anerkannt, und der junge Putin wuchs unbeachtet
auf, bis er ein Liebesverhältnis mit Swetlana Dschugaschwili begann und mit ihr einen Sohn namens Wladimir bekam, der nach eine
längeren Lehrzeit im Geheimdienst zum neuen Herrscher Rußlands
aufstieg.

Der Mann im Mond

Auf dem Mond wird eine ständig bewohnte Kolonie mit künstlich erzeugter Atmosphäre eingerichtet, und der Leiter dieser Station führt Tagebuch über das, was er von dort aus mit großen Teleskopen auf der Erde beobachtet.

Der erste Entwurf

Auf den Galapagosinseln geht die älteste Riesenschildkröte ein,
und unter ihrem Schild finden sich Papiere mit dem ersten Entwurf
zur Evolutionstheorie, die Charles Darwin da hineingeklemmt hat.

Der Graf von Montenegro

Der aus seinem Gefängnis entkommene Graf von Montecristo verzichtet darauf, sich an seinen Feinden zu rächen, und zieht in die Berge Montenegros, wo er eine Burg erbaut und sich inmitten seiner Schätze zur Ruhe setzt.

Laverdure

Der französische Staatspräsident hält einen Papagei, welchsel-
biger Vogel ein formidables Gedächtnis hat und nach der Abwahl
des Präsidenten im Fernsehen alle Sätze nachplappert und vor-
plappert, die er in dessen Privatgemächern gehört hat.

Die mausgraue Eminenz

Ein scheinbar unscheinbarer Angestellter im Patentamt, der ab
und zu ein bißchen Geige spielt, bewegt Otto Hahn und Lise Meit-
ner dazu, ihre Forschungsergebnisse unveröffentlicht zu lassen,
weil ihre praktischen Auswirkungen allzu destruktiv sein könnten,
und erhält dafür nach dem zweiten Weltkrieg den Friedensnobel-
preis.

237

Der Wahrsager

Ein junger Mensch, der auf der Schule im Geschichtsunterricht
nicht so gut aufgepaßt hat und dem auch sonst nicht so viele
historische Bücher bekannt sind, wird durch eine umgekehrte
Zeitmaschine in das Rom des ersten vorchristlichen Jahrhunderts
versetzt und dort durch Marius, Sulla, Catilina, Cicero, Catull,
Caesar, Lepidus, Pompeius, Marcus Antonius, Augustus, Vergil und
Horaz nach der Zukunft befragt, worauf er mehr schlecht als recht
ein paar Voraussagen macht.

Der Zersprenger

Enno kommt in jungen Jahren viel herum, weil sein Vater international tätig ist. Das Kind erlebt eine ganze Reihe von Ländern und erlernt mehrere Sprachen. Mit seinem Vater, der politisch reaktionär ist und die Zeit des Nationalsozialismus verteidigt, führt er als Heranwachsender immer heftigere Diskussionen. Als der Vater bei einem Gasunfall ums Leben kommt, kommentiert das der Sohn mit den Worten: "Nun hat er eben gesehen, wie das ist, wenn man vergast wird". Nach dem Abitur macht Enno eine Reise durch Lateinamerika und lernt auch noch perfekt Spanisch. Dann gerät Enno in die unruhige Zeit der 6oer und 7oer Jahre des 2o. Jahrhunderts und läßt sich eine Weile von den Strudeln des Zeitgeists mitreißen. Aus Protest schleicht er eines Nachts an die Mauern einer Schule und pinselt darauf den Schlachtruf: "Ein Messer in den Penis des Direktors!" Doch diese Heldentat ist ein Schlag ins Leere, denn wie sich anderntags herausstellt, hat diese Schule gar keinen Direktor, sondern eine Direktorin. Enno war eben schon immer etwas schlecht informiert. Danach läßt sich Enno in den Sympathisantenkreis einer Terrororganisation hineinziehen und schmeißt auch mal ein Bömbchen in ein Justizgebäude, aber vorsorglich nachts, weil er niemanden verletzen und töten will. Er wendet sich vom Terror ab und tritt in eine Partei ein, wird jedoch bald ausgeschlossen, weil er für ein Parteimitglied zu undiszipliniert und zu buntscheckig ist. An der Universität studiert Enno mal dieses Fach und mal jenes Fach, und er diskutiert mal in diesem Seminar mit und mal in jenem. Eine akademische Abschlußarbeit bringt er nie zustande. Er jobbt mal hier und mal dort. Eine Ehe wird eingegangen und ein Kind geboren, doch die Ehefrau ist destabil, macht einen Selbstmordversuch, läßt sich scheiden und molestiert ihn mit finanziellen Unterhaltsansprüchen. Im Alter von Ende Zwanzig steht Enno vor den Trümmern seiner Existenz und kommt endlich auf die entscheidende Idee: er wird, obwohl und weil er gar nicht schreiben kann, Journalist. Aphoristischer Zitatkommentar: "Mit achtzehn ein Genie, mit dreißig ein Redakteur".

LIFERBARE MURIBÜCHER

Entkürzelungen
Ein Wegweiser durch die Welt der Abkürzungen
1o,-Euro

Grubenfunde
Lyrik und Prosa
1o,-Euro

Bilder vom Rotkäppchen
Erweiterte Auflage
1o,-Euro

Die Geschichte vom Rotkäppchen
Ursprünge, Analysen, Parodien eines Märchens
Erweiterte Auflage
1o,-Euro

Shakespeare Sechsundsechzig
Das Sonett Nr.66 in deutschen Übersetzungen
Erweiterte Auflage
1o,-Euro

Shakespeares Sonette in freier Übertragung
Mit einem Faksimile der Shakespearesonette
1o,-Euro

Elefant Kette Fuß bunne
Ausgewählte Gedichtsel
1o,-Euro

Divertimenti
Wortspiele, Sprachspiele, Gedankenspiele
1o,-Euro

Brief über Chopin
Erläuterung einer Vorliebe
1o,-Euro

Die Unweisheit des Westens
Essays zur Philosophie und Sprachkritik
1o,-Euro

Katzenköppe
Aphorismen und Epigramme
1o,-Euro

MURIVERLAG/Erckenbrecht, Im Weidengarten 19,
D-3413o Kassel